Johann Scherrer

Die Gallier und ihre Verfassung

Eine Abhandlung

Johann Scherrer

Die Gallier und ihre Verfassung
Eine Abhandlung

ISBN/EAN: 9783744624084

Hergestellt in Europa, USA, Kanada, Australien, Japan

Cover: Foto ©Suzi / pixelio.de

Weitere Bücher finden Sie auf **www.hansebooks.com**

DIE GALLIER

und

ihre Verfassung.

Eine Abhandlung

von

Joh. Scherrer,
Dr. jur. et phil.

Heidelberg.
Verlag von Georg Weiss.
1865.

Diese Abhandlung ist ein Bruchstück aus den Forschungen des Verfassers über »die Kelten, ihre Ausbreitung, sociale und politische Entwickelung«.

Einleitung.

An der mittleren Donau, in dem heutigen Oesterreich und Bayern entwickelte sich ein Volk, das seine Stammväter mit den pannonischen und verwandten Völkern, die an der untern Donau entsprangen, gemein hatte. Es verbreitete sich westlich nach allen Seiten des Flussgebietes Süddeutschlands. Nachdem es den Oberrhein erreicht hatte, ging es zwischen den Vogesen und dem Jura hindurch und ergoss sich in das heutige Frankreich, wo es sich durch eine Reihe von Jahrhunderten staatlich entwickelte. Es wurde von den griechischen Colonisten zu Massalia Kelten, von den Römern später Gallier genannt. Die Kelten vernichteten grösstentheils bei ihrer Propagirung die ältere, dunklere Bevölkerung und verdrängte ihre Reste, zuerst die rhätische in die Alpen und dann in Gallien die ligurische. Im Norden von ihnen, der Ostsee entlang, hatten sich finnische Stämme ausgebreitet. Zwischen ihnen und den Kelten erschienen später die Deutschen, welche von der Weichsel und Oder her die ganze deutsche Tiefebene erfüllten, so dass die Karpathen, das Erzgebirge und der hercynische Wald die Kelten von den Germanen schied. Von Gallien aus gingen Züge derselben durch die niedrigen Pässe der Pyrenäen am Ocean nach Spanien (Kiepert im Monatsbericht d. berl. Akad. d. W. März 1864), nachdem sie zuvor im Süden Frankreichs die ligurisch-iberische Bevölkerung unterworfen hatten. In Spanien behaupteten sie sich im Kampfe mit der iberischen Bevölkerung, in der westlichen Hälfte der Halbinsel (Strab. II. 4. p. 107). Kaum war ihre Volksmenge in ihrer neuen Heimath Gallien einigermassen angewachsen, so schickten sie der Sage nach (Liv. V. 34), zur

Zeit des römischen Königs Tarquinius Priscus, neue Colonistenheere aus, wovon grosse Haufen durch die taurinischen Alpenpässe — der Ausbreitung der Liguren folgend — nach Italien hinabstiegen und den rhätischen oder etruskischen Anwohnern am Po die fruchtbare Ebene entrissen (Polyb. II. 17). Als am Niederrhein die germanischen Vorläufer angekommen waren und den Kampf um Land mit den Kelten begannen, mag ein grosser Theil derselben nach Britannien ausgewandert sein, da schon früher Züge von ihnen dahin und nach Irland übersetzten; auch hier den Liguren folgend, die zuerst von der französischen Küste aus diese Inseln besetzt hatten. Während in Italien die Gallier sich an dem Apenninus bis Umbrien ausdehnten, die Etrusker hart bedrängten und tributpflichtig machten, erfolgte die Einmischung der Römer, deren Herrschaft sich schon über Südetrurien erstreckt hatte; und es begann jener uns überlieferte Kampf auf Leben und Tod, in dem die Gallier immer neue, stammverwandte Stämme aus den Alpen heranzogen. Aber nicht allein westwärts und südlich ging die gallische Völkerbewegung, sondern es begann jetzt auch eine Rückwanderung dieses Volkes nach Osten. Die Urstöcke in Noricum, die Ostkelten unternahmen jetzt diese Rückbewegung und nicht die Gallier, wie spätere Schriftsteller fabelten (Strab. IV. 1. §. 13; Paus. I. 3), die Gallien als das Stammland der Kelten betrachteten. Zur Zeit, als Alexander von Makedonien die westthrakischen und illyrischen Völker bekämpfte, mussten sie schon nach Südpannonien vorgerückt sein. Von hier aus machten sie ihre Raubzüge nach Thrakien und Makedonien, durch die Thronstreitigkeiten der Diadochen ermuntert. Ein Hauptvolk davon waren die Skordisker (Just. XXXII. 3), welche im heutigen Bosnien und Serbien die führende Nation geworden waren. (Siehe auch L. Contzen, Wanderungen d. Kelten S. 62 u. f.). Bei einem grossen Plünderungszuge nach Delphi und Byzanz, setzte ein Theil 278 v. Chr. über die Propontis nach Asien über und gründete daselbst das Reich der Galater zwischen Bithynien und Kappadokien, während der andere nur zu einer vorübergehenden Herrschaft am Haemus gelangte.

Wenn wir die weiten Wanderungen der Kelten betrachten, so staunen wir über die Ausbreitung; aber sie sind schnell erklärt, wenn man das Volk für Nomaden ansieht. Nun waren aber die Kelten seit ihrem Auszuge von Noricum gerade keine Nomaden mehr; sie verliessen nicht alle die Heimath; es blieben immer die Urstöcke zurück. Man könnte sie wohl, wie in historischer Zeit die Germanen, wandernde Ackerbauern nennen. Einige neuere Schriftsteller möchten diese Wanderungen gerne durch »abenteuerliche Raubgier« erklären; andere durch ihre Kampf- und Eroberungssucht. In der That, von dem letzten Vorwurf waren sie am wenigsten frei, prahlerisch riefen bekanntlich die Senonen den Gesandten Roms zu: »se in armis jus ferre et omnia fortium virorum esse«, dem Tapfersten gehört die Welt, und sie glaubten — sie wären am tapfersten (Liv. V. 36). Es gab aber materielle Gründe, welche die alten Geschichtsschreiber auch im Allgemeinen angaben, wie Uebervölkerung, Mangel an Ackerland u. dgl., ohne dass sie die zwingende Nothwendigkeit bei der gallischen extensiven Bodenwirthschaft einsahen. Wir haben keine Beschreibung ihres socialen und wirthschaftlichen Zustandes in jener Zeit; jedoch fehlt es uns nicht an Anhaltspunkten bei Polybius II. 17, wo er kurz die Sitten der italischen Gallier schildert. Das übrige lässt sich aus dem erhellen, was bei den urverwandten Germanen vorging und was im Allgemeinen bei allen Naturvölkern gleicher Culturstufe vorzugehen pflegt. Wir nehmen daher folgendes an: Wenn ein junges Keltenvolk auszog, so bildete es auf seinem Zuge ein geordnetes Heer und zwar, in natürlicher Weise, die Stammesgenossen in Familien und Sippschaften vereinigt und nach dem Decimalsystem eingetheilt. Wie das Heer ein Land eroberte, so liess es sich darin nieder, baute seine Hütten an Bächen, Flüssen und Seen hin, nahm die in der Mitte liegende Feld- und Waldflur als Mark in gemeinsamen Besitz und liess den Fluss, oder das Gebirge, oder den dichten Wald die Grenze bilden. Auf diese Weise nahmen sie eine ganze Landschaft (Gau) ein, die dann wieder um nach dem Heerbann in Theile (Polyb. III. 50), Zente zerfiel. Der Wechsel der Wohnplätze mit dem Ackerloos, den Caesar (VI. 22) als eine Eigenheit der Germanen schildert, scheint nicht bei den Galliern stattgefunden zu haben, sondern jeder Familienvater behielt seine Hütte. Waren die Söhne zu Männern herangereift, so errichteten sie sich in der Nähe des Vaterhauses neue Wohnungen. So bekamen nach Jahrhunderten die Namen des Hauses und der Wohnung die Bedeutung Dorf und Stadt. (Siehe in Bezug auf die neukelt. Sprachen A. Pictet, Les origines indo-européennes II. p. 289.) Die Familien- und Sippschaftsgenossen waren die Hof- und Dorfgemeinde. Daraus erklärt sich in natürlicher Weise ihre Feldergemeinschaft. Ueberreste davon kamen noch in Frankreich 1789, in der abgelegenen, waldigen Berggegend Morvan, Départ. Nièvre vor. (Dupin dans les séances et trav. de l'acad. d. scienc. mor. et pol. Janvier 1853; Rau, Volkswirthschaftslehre 6. Aufl. S. 255 Anmkg. b.) Sie scheint ursprünglich eine allgemeine Einrichtung der Menschheit gewesen zu sein (Thudichum, Altd. Staat S. 103 u. f.). Bis auf den heutigen Tag ist der Wald und die Weide grösstentheils Almende der Gemeinde geblieben, wenn auch eine neue Finanzweisheit in Frankreich sie als subsidiäres Staatsvermögen betrachtet. Die Familienloose wurden später in der Familie erbliches

Familiengut, das nach dem Tode eines Familienhauptes neu getheilt wurde. In Irland erhielt sich der Gebrauch noch im Mittelalter (Th. Moore, History of Ireland, ch. 9. p. 180). Im französischen Erbrecht rührt daher noch der Grundsatz: »l'affectation du patrimoine à la famille« (Laferrière Histoire du droit franç. II. p. 85). Der älteste der Familie galt als Familienhaupt und die Aeltesten des Stammes hatten in der alten Zeit dasselbe Ansehen wie bei den Germanen. (Vgl. Liv. XXI. 19. mit Caes. IV. 13). Obgleich die Kelten, als sie sesshaft wurden, in Sippschaftsgemeinden zerfielen, so entstand bei ihnen doch kein eigentlicher Geschlechterstaat wie bei den Hellenen und Römern, ebensowenig wie bei den Deutschen.

Mit der Zeit wurde die Bevölkerung so zahlreich, dass nach ihrer extensiven Bodenwirthschaft das Ackerfeld nicht mehr für die Menschen und die Weide nicht mehr für die Heerde hinreichte; sie mussten entweder Neurodungen anlegen, oder auswandern. Sie wählten das Letztere. Die herangereiften Söhne zogen mit Weib und Kind aus, »neue Wohnsitze suchend«, während die unerzogenen, jüngeren zu Hause bei den Aeltern zurückblieben. Eine Sitte, die historisch von den Tartaren bezeugt wird und sich später noch in den coutumes bretones, in dem »droit du juveigneir« äussert (Leg. Wallic. II. 12). Das war ungefähr der Zustand zur Zeit der Wanderungen der Gallier nach Italien. Das Auswanderervolk wählte einen Herzog aus den tapfersten Geschlechtern und dieser bekam wegen der Disciplin Gewalt über Leben und Tod. Aus ihm wurde der Heerkönig. Die Römer lernten zuerst den gallischen Heerkönig Brennus kennen, den Livius V. 38: »regulus Gallorum« nennt. Später lesen wir bei demselben Historiker, vor dem zweiten punischen Kriege, von keinem gallischen König mehr. Polybius nennt in dieser Zeit nur die Herzöge der Auswandererheere aus den Alpen „$βασιλεῖς$" (II. 21. 23. 26. 31), während er die Anführer der cisalpinischen Gallier mit „$προεστῶτες$" bezeichnet (II. 32. 33. 34). Im Hannibal'schen Kriege dagegen spricht er wieder von „$βασιλίσκοι$" der Kelten am Padus, welches dem lateinischen reguli entspricht, das Livius (XXXIII. 36; XXXIV. 46) noch zwei Oberfeldherren der Boier beilegt (195 v. Chr.) Das Wort regulus kann sowohl einen König eines kleinen Volkes, als auch eine beschränkte Gewalt bedeuten; obwohl es meistens das Erstere meint. Es scheinen unterdessen die aristokratischen Einrichtungen der Etrusker und der Römer auf die italischen Gallier eingewirkt zu haben. In Italien zersetzte sich die gallische Gesellschaft rasch (Liv. XXXV. 22). Es entstand bald eine Ritterschaft (Liv. X. 28; XXXV. 5 u. 22). Und Livius redet XXXII. 30 von einem Senat (Landrath) der Cenomanen und von »principes« derselben; ebenso bei den Boiern (XXXV. 22).

Kleinere Völkerschaften kamen schon in die Clientel der mächtigeren, z. B. die Lingonen in die der Boier (Xenoph. Hell. VII. 1. 20); auch die Privatclientel hatte begonnen (Polyb. II. 17).

In dem eigentlichen Gallien hatten die beständigen inneren Kriege ebenfalls die Unabhängigkeit eines Stammes von dem anderen zur Folge; dort suchten die mächtigen Geschlechter das lebenslängliche Wahlkönigthum in ihren Familien zu erhalten. Die griechische Colonie Massalia übte einen grossen Einfluss auf die Cultur der dortigen Gallier (Strab. IV.); aber das Meiste that das Land selbst und das südliche Klima, welches auch die Menschen einer rascheren Entwickelung entgegen führt.

Disquisitio ignotorum tanto jucundior quanto subtilior est.
Sententiae Varronis.

Von der Verfassung der Gallier vor und zu Caesars Zeit.

Ganz Gallien zerfiel in viele kleine Staaten, (»civitates«), welche nach den Gegenden oder nach den Völkerschaften (»populi«), die sie bewohnten, benannt waren. Zwei oder mehrere dieser Völkerschaften bildeten wieder kleine Bünde (Conföderationen), indem die angränzenden Schwächeren entweder freiwillig beitraten, oder durch Verlockungen und Gewalt zum Anschluss gebracht wurden.

Die kleinen Bünde bestanden daher aus:

I. einem Patronalstaat, d. i. aus einem oder mehreren herrschenden Gauen;

II. aus Clientelstaaten oder hörigen Schutzvölkern (»clientes«).

Die Patronalstaaten waren wiederum zusammengesetzt aus:

1. vereinigten Bruderganen oder Stammesbrüdern (»necessarii et consanguinei, fratres« und wohl auch »germani« genannt), sei es, dass sie von Anfang an ein Stamm geblieben sind, oder dass sie sich nach einer politischen Spaltung wieder vereinigt haben. Als solche werden bezeichnet: die Haeduer und die Haeduer-Ambarrer (Caes. b. g. I. 11); die Suessionen und Remer (II. 3). Sie haben »gleiche Gesetze und die oberste Staatsgewalt gemein«. Dass auch die Römer und Haeduer (I. 33) sich gegenseitig so nannten, war lächerlich.

2. Aus politisch gleichberechtigten Bundesvölkern, die nach einem foedus aequum sich rechtlich wie ein Stammvolk betrachteten. Jn ein solches Verhältniss traten die Boier nach und nach zu den Haeduern (I. 28), denen sie zuerst von Caesar als Clienten beigegeben waren (VII. 9). Es ist wahrscheinlich, dass man solch ein enges Bundesverhältniss ebenfalls mit Bundesbrüder, »fratres, germani« etc. bezeichnete.

Beiderlei Verbindungen geschahen nur in staatenbundlicher Form und schufen keinen eigentlichen Einheitsstaat. Ueberall zeigt sich die angestammte, landschaftliche Gauselbstständigkeit. (Z. B. II. 3 VII. 17).

III. Clientelstaaten oder hörige Schutzvölker (»clientes«), die nach einem foedus iniquum, als Pfand ihrer Treue dem Patronalstaat Geiseln zu stellen hatten. Sie standen in verschiedenartigen Abhängigkeitsverhältnissen, welche sich nach den Verträgen richteten (VI. 12).

Wegen ihrer Leistungen an den Patronalstaat werden sie zum Theil »populi tributarii« oder »stipendiarii« und »vectigales« genannt. Fassen wir sie nach der üblichen römischen Bedeutung auf, so mussten die tributarii eine Vermögenssteuer zahlen; die stipendiarii hatten entweder eine Grundsteuer, an Geld oder an Naturalien zu entrichten; die vectigales waren überhaupt abgabenpflichtige. Der Hergang der Unterwerfung war derselbige wie bei anderen Völkern des Alterthums: der siegreiche Stamm schmälerte die besiegten Nachbaren an der Feldmark und machte ihnen anderweitige Auflagen (VI. 12). Gränzstreitigkeiten mögen überhaupt sehr oft Veranlassung zu Kriegen gewesen sein. Zu den vectigales möchte ich im allgemeinen Sinne alle die Städte und Volkschaften rechnen, welche Zölle u. dgl. zu zahlen hatten. Ich erinnere hier an die Stelle bei Strabo (IV. 2), wornach die Haeduer den Sequanern einen Zoll auf ihre Schiffe auf dem Arar (besser Dubis?) legen wollten. Diese Bezeichnungen unterscheiden ebensowenig streng, als sie eine Einsicht in die Art ihrer politischen Abhängigkeit geben.

Diese abhängigen Völkerschaften werden als Unterthanen mit den Worten bezeichnet: »qui sub aliorum imperio sunt« (V. 39). Im Kriege hatten sie dem Aufgebot des herrschenden Stammes zu folgen (I. 31). Dass die Patronalstaaten den Schutzvölkern Vögte gesetzt hätten, wird nicht berichtet; demnach wird ihre innere Autonomie fortbestanden haben. Alle Patronalstaaten waren ihren Clientelvölkern gegenüber zum Schutz gegen äussere Angriffe verbunden, was aus der Ausdehnung des privatrechtlichen Charakters der Clientel auf ähnliche staatliche Verhältnisse hervorgeht.

Diese kleineren Bünde erkannten wieder — in Form von grösseren Staatenvereinen (»factiones« I. 31) — einem oder dem anderen unter ihnen den Vorrang zu, oder fügten sich seiner Leitung bei der grösseren oder nationalen Gefahr. Sie werden dann auch »clientes« desselben genannt (VI. 12). Es war ein lockeres hegemonisches Verhältniss (I. 17. und 31). Wir wollen einen solchen leitenden Staat Prinzipalstaat nennen. Vor Caesar's Zeit waren das in Nordgallien die Suessionen, im engeren Gallien die Arverner, mit welchen sich die Haeduer viele Jahre heftig um die Oberherrschaft stritten (I. 31). Durch Caesar erlangten sie die Haeduer im engeren, die Remer im nördlichen Gallien, denn ihnen wurden eben durch den Sieger die meisten Clienten zugetheilt.

In der heutigen Bretagne bildeten die sogenannten Armoriker ebenfalls einen solchen Staatenverein, worin die Veneter die angesehensten waren (II. 34 und III. 9). Den germanisch-belgischen Staaten erlaubte es der Trotz auf ihre germanische Stammeskraft nicht eine grössere Kampfgenossenschaft einzugehen, obschon sie zur Zeit der Gefahr einen gemeinschaftlichen Landtag hatten (II. 4), geschweige denn ein derartiges Vormachtsverhältniss dauernd anzuerkennen. Diese grossen Bünde oder Staatenvereine waren ebensowenig begränzt, als sie fest und abgeschlossen waren; je nach Umständen schaarten sich um diesen oder jenen Prinzipalstaat mehr oder weniger Patronalstaaten mit ihren hörigen Völkerschaften. Alle Verbündeten bekräftigten ihr Zusammenhalten durch Eidschwüre und stellten sich gegenseitig Geiseln. Die Politik der Patronalstaaten ging darauf hinaus, die Zahl der hörigen Schutzvölker zu vermehren; die der Prinzipalstaaten, ihrem Staatenverein die grösste Ausdehnung zu geben.

Nach diesen Darlegungen stimmen die keltischen Bundes- und Abhängigkeitsverhältnisse mehr mit griechischen und altitalischen Formen überein als mit modernen. Einige französiche Schriftsteller, wie Lafferrière (Histoire du droit français II. 22) und andere, vergleichen jedoch die gallischen Staatengruppen mit der heutigen bundesstaatlichen Eidgenossenschaft der Schweizer, was durchaus falsch ist. Es besteht nur eine Aehnlichkeit mit der Staatsform jener Zeit, als einer republikanischen; dabei haben die gallischen Gauverbände nur eine geographische Beziehung zu den Schweizerkantonen, wie überhaupt zu den alten Gauen. Dagegen lassen sich gewissermassen die gallischen Schutzvölker mit den eidgenössischen Schutzverwandten und Vogteien des XVI. Jahrhunderts vergleichen; freilich gehörten hier die abhängigen Orte den jeweiligen Eidgenossen zusammen an. Der Unterschied der staatlichen Clientel der Kelten und der Römer lag darin, dass die keltischen Sieger die innere Selbstständigkeit der unterworfenen Völkerschaften (selbst der fremden) bestehen liessen, oder wie man es auszudrücken pflegt: deren Jndividualität allezeit höher achteten. (Vergl. VII. 77).

Bei gemeinschaftlicher Gefahr für den südlichen oder nördlichen Theil Galliens wurde von dem betreffenden Prinzipalstaat ein »commune concilium«, eine gemeinschaftliche Tagsatzung angesagt. Natürlich gilt dieses Verfahren auch für jede grössere Kriegsgenossenschaft. Zur Zeit der spät erkannten nationalen Gefahr wurde endlich auch ein »concilium totius Galliae«, ein Landtag für ganz Gallien berufen; doch bezieht sich dieser Ausdruck sehr oft nur auf das Gallien im sogenannten engeren Sinne. Die natürlichen, hiezu berechtigten Repräsentanten waren die mächtigen Parteihäupter (»principes factionum«), die Magistrate und

Staatsvorsteher (»principes«), die in der That sehr oft gemeinschaftliche Versammlungen hatten. (Z. B. VII. 1: »Indictis inter 'se principes Galliae conciliis«, und I. 31 et passim). Es wurde aber auch wieder eine bestimmte Zahl aus den Einzelstaaten (»certum numerum cuique ex civitate imperandum« VII. 75) auf den allgemeinen Landtag geschickt und wie mir scheint, waren dieses erwählte Deputirten der Einzel-Staaten, was dann den Anfang des Prinzips der nationalen Repräsentation bei den keltischen Völkern ausspräche. Auf diesen Landesversammlungen entschied Stimmenmehrheit (VII. 63). Caesar benützte den Landtag zu seinen Zwecken und hatte dabei factisch eine kaiserliche Gewalt inne.

Was die Staatsform anbetrifft, so war das Regiment in Aquitanien, in dem engeren Gallien wie bei den Armorikern aristokratisch (Strab. IV. 4. p. 66.), das der Belgen, die noch mehr in altgermanischer Sitte verblieben waren, demokratisch. Aristokratisch werden jene Verfassungen mit Recht genannt, weil privilegirte Stände, Priester und Ritter einzig und allein von Bedeutung im Staate waren (VI. 13) und allein auf den Landtagen erschienen. Es bestand jedoch keine Gleichförmigkeit, sondern grössere und geringere Abweichungen im Einzelnen. Zur Zeit der ersten römischen Invasion war die oberste Regierungsform in Gallien monarchisch, d. h. im Sinne des Stammeskönigthums, wo der König das oberste Heerführer- und Richteramt hat, ohne weitere Bedeutung im Staat. Amédée Thierry (Histoire des Gaulois I. 475) nimmt noch als älteste — dem Stammeskönigthum vorhergehende Verfassungsepoche — ein Regiment der Priester, eine Theokratie an, was nicht erwiesen ist. Der König (»rex, regulus«*)) war wählbar. Die Wahl geschah auf der Landesversammlung. Erkoren wurde gewöhnlich ein Spross aus den alten, angesehensten Geschlechtern, die die gleiche Würde schon inne hatten. Nach Ausbildung der Stände der Ritter und Priester, wurde

---

*) Das altirl. Wort rig (Zeuss, Grammatica Celtica p. 25) ist dasselbige, wie lat. rex und, wenn wir es nicht mit dem Lat. als urgemein betrachten, von den Römern herübergenommen. Wäre diese Reception festgestellt, so wäre auch die Frage über die Herkunft des Königthums bei den Kelten entschieden.

Das Wort Brennus, das man früher als Eigennamen betrachtete, vergleicht man jetzt gewönlich mit dem kymr. brenin, brennin = König; Zeuss will es aber wegen der alten Formen brennhin, breenhin, contrah. bregentin davon getrennt wissen (Gr. C. 101 u. 162). Er leitet es von breg, brig = hoch, erhaben her und stützt dieses durch das ags. brego = Herzog, König, was er als keltisch ansieht; weil es in den anderen germanischen Sprachen fehlt.

Man könnte hier noch als ferneren Beleg für das Volkskönigsthum das irl. feadhán herbeiziehen, was Volksführer, König bedeutet und von feodhain = Volk, Stamm, Armee herkommt. (Pictet, Les origines indo-européennes II. 392.)

der ausschliessliche Anspruch der alten königlichen Geschlechter auf die höchste Staatswürde geschmälert und zuletzt das Königthum ganz abgeschafft. Die Zeit dieser Umwandlung fällt zwischen 90—60 v. Chr. An die Stelle der allgemeinen Landesversammlung und des Königs trat ein Landrath oder Kantonalrath (»senatus«). Der Landrath bestand aus den gewählten Oberen eines jeden Staates und dessen Bezirke. Alle Theile oder Bezirke waren selbstständig. Die obersten Staatsbeamten sind in gewisser Hinsicht die stehende Regierung (»magistratus« VII. 33.). Sie wurden in der Regel alljährlich neu gewählt.

Der oberste Staatsbeamte bei den Haeduern hiess Vergobret*) (I. 16), wurde vom Senat gewählt und von dem abtretenden Vorgänger (Vellej. Paterc II. 92) wie die erwählten römischen Consuln, öffentlich bekannt gemacht (VII. 33). Die formelle Giltigkeit der Wahl entschieden die Priester; ebenso auch bei Doppelwahlen (VII. 33). Caesar liess bei der Entscheidung der Doppelwahl bei den Haeduern (VII. 33) den Landesgesetzen ihren Gang. Man vermuthete, der Vergobret könne auch Druide sein; es findet sich jedoch nirgends ausgesprochen. Nach den Gesetzen der Haeduer durften nicht nur nicht zwei aus einer Familie zu gleicher Zeit Beamten sein, sondern auch, so lange der abgetretene lebte, konnte keiner mehr aus derselben Familie weder in den Magistrat noch als Senator gewählt werden (VII. 33). In anderen Staaten, wo

---

*) Das keltische Wort Vergobret wird von den vergleichenden Philologen, je nachdem sie altgallisch als mit dem Deutschen verwandt, oder mit dem sog. Neukeltischen für identisch halten, verschieden erklärt. Graff (Althochd. Sprachschatz I. 980) versucht nur das erste Wort des Compositums von goth. warg, wergjan = maledicere, damnare zu erklären. Aehnlich Holtzmann, Kelten und Germanen S. 113. Mone (Keltische Forschungen S. 248) leitet es von einer irisch. Verbalform fargaim = ich lasse sterben, tödten ab. Zeuss schwankt hin und her, pag. 825 schlägt er vor, es aus dem altkymr. guerg = efficax und dem altir. breth = judicium zu erklären, als guerg-breth=judex efficax; dann gibt er noch für brithem = verus judex u. a. an. Die irischen und wälschen Schriftsteller, die die überlieferten gallischen Wörter unwissenschaftlich, nur nach dem Gleichlaut mit den neukeltischen Dialekten erklären, übergehen wir. Th. Mommsen (Römische Gesch. III. 221) findet darin die Bedeutung »Rechtwirker«. Von dem Worte handeln u. A. noch Diefenbach Celtica I. 49. und Origines Europ. S. 437; Roger, Baron de Belloquet, Ethnogénie gauloise I. p. 70, n. 2.

Der Titel wurde auch auf gallischen Münzen gefunden. Eine Münze des Vergobrets der Lexovier (Lisieux, Calvados) trägt eine Inschrift: »Cisiambros Cattos vercobreto: simissos publicos Lixovio.« (Siehe de Saulcy, Revue numismatique 1837 p. 12 et 13.) Es soll sich dieser Titel sogar in Frankreich bis auf die Neuzeit erhalten haben. Nach Tschudi wurde noch im XVI. Jahrhundert in mehreren Städten der Gerichtspräsident »verger« genannt. Dessgleichen erzählt Monin, Monuments des anciens idiomes gaulois p. 105, dass sich Vergobret zu »vierg« oder »verg« verstümmelt, als gleichbedeutend mit »maire de la ville«, zu Autun noch bis zur Revolution erhalten habe. Es frägt sich jedoch, ob das nicht figürliche Bezeichnungen des französischen »verge« (lat. virga) waren.

das Königthum noch nicht lange abgeschafft worden war, wie z. B. bei den Treverern (VI. 2), wurde die erste Magistratur auch den Sprösslingen derselben Familie übertragen. Der Vergobret hatte die Gewalt des Stammkönigs (VII. 32) mit dem Recht über Leben und Tod (I. 16; VII. 32, 33), durfte aber während seiner Amtszeit die Landesgrenze nicht überschreiten. Er war oberster Richter für Staatsverbrechen, Landesverrath u. dgl. (V. 56), oberster Aufseher und Verwalter des Staats. Neben ihm gab es noch andere Beamten (»magistratus« VII. 33). Dazu gehörten die obersten Anführer des Aufgebots durch den Patronalstaat mit herzoglicher Gewalt (VII. 33).

In andern Staaten vereinigte das Staatsoberhaupt das oberste Civil- und Militäramt, z. B. bei den Remern Vertiscus (»princeps civitatis atque praefectus equitum« VIII. 12), oder bei den Treverern Cingetorix (»Cingetorigi principatus atque imperium est traditum« VI. 8), was eine königliche Gewalt bezeichnet, die auf Lebenszeit übertragen wurde.

Dieses aristokratische Regiment erstreckte sich selbst auf die angrenzenden Belgen (Strab. IV. 4) und bis zu den germanischen Ubiern (IV. 11). Die allgemeine Landesversammlung wurde nur noch berufen vor Ausbruch des Krieges als bewaffnete Landesversammlung (»concilium armatum«), wo alle Wehrfähigen zu erscheinen hatten (VI. 18); aber zu dem vorgetragenen Kriegsbeschluss des Senats blos ein Zustimmungsrecht hatten. Bei den gallischen Belgen, wie z. B. bei den Suessionen (II. 4) war das Königthum des Galba noch ein Ueberbleibsel des alten Stammeskönigthums. In den germanisch-belgischen Staaten hingegen, die mehr in altgermanischer Weise in Dörfern lebten, waren die Standesunterschiede noch nicht hervorgetreten und das Regiment demokratisch geblieben. Da berieth die Volks-- oder Landesversammlung, aus allen wehrfähigen Männern gebildet, die Stammes- und Staatsangelegenheiten. In ihr lag die höchste Gewalt, oder nach der heutigen Ausdrucksweise die Souveränetät. An der Spitze dieser Staaten standen entweder Stammesvorsteher oder Volkskönige, aus den alten angesehenen Geschlechtern gewählt, wie z. B. Catavolcus und Ambiorix bei den Eburonen (V. 24), welche die Beschlüsse der Landesversammlung zur Ausführung zu bringen hatten.

Was Caesar den Ambiorix sprechen lässt, ist keineswegs eine Unwahrheit, sondern der Natur der Dinge entsprechend. Dieser sagt V. 27: »neque id . . . . aut judicio aut voluntate sua fecisse, sed coactu civitatis; suaque esse ejusmodi imperia, ut non minus haberet juris in se multitudo, quam ipse in multitudinem!« Andere, wie Montesquieu, wollen in dieser Stelle schon den modernen Begriff der »Theilung der Gewalten« entdecken. Diese Phrase will aber nicht mehr sagen, als dass der König keine absolute Gewalt hat, sondern wie alle Stammes- und Volkskönige an Gesetz und Volksbeschlüsse gebunden ist, ebenso wie jeder andere Bürger. Diese Volkskönige hatten neben den Civilfunctionen des Vergobrets noch die militärischen eines Herzogs. Im Uebrigen wurde durch diese königliche Gewalt die freie Gemeindeverfassung nicht alterirt. Die gallischen Könige waren ebensowenig wie die germanischen Oberpriester des Staats; die altrömischen oder althellenischen Könige dagegen vereinigten auch diese Würde.

Wer waren die „principes"?

Ich erwähne hier nicht die Etymologie des Wortes, die sehr einfach ist, sondern gehe nur auf die technische Bedeutung desselben ein. Caesar gebrauchte das Wort in seiner technischen und allgemeinen Bedeutung. Er sagte z. B.: »Eo tum statu res erat, ut longe principes haberentur Haedui« (VI. 12), dass die Haeduer das erste Volk dem Range nach in Gallien waren. Dann spricht er (VI. 11) von dem Parteiwesen der Gallier und fügt bei: »earumque factionum principes sunt, qui summam auctoritatem eorum judicio habere existimantur, quorum ad arbitrium judiciumque summa omnium rerum consiliorumque redeat.« Dieses sind also die übermächtigen Parteihäupter, welche als »Private mehr vermögen, als selbst die verfassungsmässigen Beamten« (I. 17 et passim.), deren Kinder Caesar vor allen anderen zu Geiseln forderte. Wir finden wiederum »Princeps civitatis« und »principes ex omnibus civitatibus« (V. 5 et passim), was nur die obersten Staatsvorsteher oder Magistrate der einzelnen Staaten bezeichnen kann; dagegen aber auch noch: »principes ex ea civitate« (V. 3 et passim), was eine Mehrzahl von Oberen in einem und demselben Staat ausdrückt. Es müssen demnach noch niedrigere Vorsteher oder Unterbeamten dagewesen sein. In I. 16: »convocatis eorum (Haeduorum) principibus, quorum magnam copiam in castris habebat etc.«, spricht Caesar von einer Menge solcher in einem Staate. Aus dieser Stelle gewinnt die Vermuthung, dass er die Senatoren der Haeduer »principes« nenne an Wahrscheinlichkeit; und in der That schreibt er, so viel ich weiss, niemals senator und nur einmal senatores, sondern nennt immer nur das Collegium »senatus«. Zwar finde ich IV. 11, wo Caesar von den Ubiern redet: »quorum principes ac senatus«, wonach senatus von principes unterschieden ist. Wir haben aber gesehen, dass »princeps civitatis« den ersten Staatsbeamten und »principes civitatis« auch die einflussreichsten Geschlechtshäupter bezeichnet; gab es aber noch Unterbeamten, so können es natürlich auch diese gemeint sein, was aus dem Zusammenhang zu ersehen ist. Die »duces«, Führer oder Herzöge des Aufgebots können nicht allein unter diesen principes verstanden sein, denn Caesar schreibt z. B. V. 41: »duces principesque Nerviorum«; dann VII. 88: »Sedulius, dux et princeps Lemovicum«, wo die beiden Titel cumulirt sind. Die Frage nach der Eintheilung der Staaten und deren Vorsteher wird die Sache noch weiter aufklären.

Eintheilung der Staaten („civitates").

Caesar berichtet bei Erzählung der Niederlage der Nervier (II. 28), dass von 600 Senatoren noch 3 und von 60,000 Mann kaum 500(?) übrig geblieben seien. Demnach waren die Senatoren alle in der Schlacht gegenwärtig. Das sagt auch die Stelle I. 31, wornach die Haeduer in der Schlacht: »omnem nobilitatem, omnem senatum, omnem equitatum amisisse«. Ein Zahlenvergleich ergibt, dass hier ein Centesimalsystem zu Grunde liegt. Die Heeresordnung dieser Zeit ist nach unserer früheren Ansicht ganz identisch mit jener alten der ersten Siedelung; nur ist die ursprünglich arithmetische Heeresordnung eine lokale Eintheilung geworden. Wir glauben desshalb, dass das Gebiet der Nervier in 600 Theile zerfiel. Nun frägt es sich, was die 600 Theile waren? Waren es gleiche Theile, so können es nur 600 Dorfschaften oder Dorfmarken gewesen sein; wir wissen aber auch, dass die Nervier Städte, d. h. wohl nur umwallte Plätze oder Orte (»oppida«) hatten. Ein anderes Beispiel wird dies näher erläutern. Wir lesen I. 12, dass ganz Helvetien in 4 Gaue (»pagi«) getheilt war, und c. 5. ibid., dass die Helvetier ungefähr 12 Städte (»oppida«) und 400 Dörfer (»vici«)·mit den übrigen Höfen (»privata aedificia«) hatten. Die Einwohnerzahl betrug nach c. 29 ibid. 263,000; der vierte Theil davon war waffenfähig. Angenommen, der Staat der Nervier wäre noch volkreicher gewesen und hätte ein paar Dutzend Dörfer mehr gehabt, so wäre damit noch nicht die Zahl der 600 Theile erreicht. Es gab hingegen in Gallien Städte, die zu Kriegszeiten an 60,000 Menschen in ihren Wällen fassten, wie z. B. Avaricum, die »schönste Stadt Galliens« (VII. 15), welche im Frieden vielleicht nur eine Bevölkerung von 10,000 zählte. Von den Biturigen wird sogar angeführt, dass sie mehr als 20 Städte (»urbes«) hatten (VII. 15). Desswegen glaube ich, dass da, wo Städte waren, dieselben wieder nach ihrer Grösse in Theile zerfielen, entweder wie die altitalischen in »vici«, oder etwas dergleichen, mit je einem Oberen. Vergleichen wir nun die Hauptstelle bei Caesar, wo er zwar nur beziehungsweise von der Eintheilung des Staats spricht (VI. 11): »In Gallia non solum in omnibus civitatibus, atque omnibus pagis partibusque, sed paene etiam in singulis domibus« etc. Die Uebersetzung der Stelle lautet: »nicht allein in allen Staaten, allen Gauen und Theilen, sondern fast auch in jedem Hause« u. s. w. Aus den angeführten Zeugnissen schliesse ich, dass diese »partes« Stadtbezirke und Dorfschaften waren, welche letztere aus einem Dorf, oder Weilern und Höfen bestanden, dem Umfange der alten Dorfmark entsprechend, und dass sie einen Vorsteher (»princeps«) hatten, der zugleich als solcher Mitglied des Landraths (senator) war. Die civilen Functionen desselben waren in seiner Mark vermuthlich diejenigen des germanischen Markmeisters und Ortsrichters und die militärischen eines Hauptmanns seines Aufgebots. Bei der erlangten Wahrscheinlichkeit, dass die »principes« Dorf- und Stadtoberen waren, gewinnt die weitere Vermuthung Raum, dass die Zent als politische Eintheilung (die ich für die älteste Zeit angenommen habe) aufgehoben, ja, dass die alte Zentgemeinde und Markgenossenschaft zu Gunsten der herangewachsenen Dorf- und Stadtgemeinden zurückgetreten war und besonders seit die Zentleute die ordentliche Gerichtsbarkeit nicht mehr ausübten. Waren also die principes im engeren Sinne die Beamten des Staats und bildeten diese den senatus*), so waren alle Nichtbeamten davon ausgeschlossen, dessgleichen auch die Druiden. Hatten in jener angezogenen Stelle, I. 31, die Haeduer den ganzen Senat in der Schlacht verloren, so mussten sich die Senatoren am Kampfe betheiligt haben; wir wissen aber aus VI. 14 (»Druides a bello abesse consuerunt . . . . militiae vacationem habent«), dass die Druiden vom Kriegsdienst frei und nicht gewohnt waren in den Krieg zu ziehen: folglich können sie auch nicht in jenem »omnis senatus« begriffen sein. Wollte man annehmen, dass der sog. gallische senatus nur ein berathendes Collegium war, so fehlt, abgesehen davon, dass die Zahl dafür zu gross wäre, jeder Anhaltspunkt über die Verwaltung und ihre Organisation.

Die Benennung dieser Oberen — die gewiss einen technischen Namen bei den Galliern hatten — mit dem lateinischen Worte principes,

---

*) Dass die »principes« den Senat bildeten und mit »senatores« identisch sind, erhellt aus einer Stelle, wo Caesar die beiden Wörter sich abwechseln lässt. Er schreibt bell. civil. II. 19 über Hispanien, das ähnliche Einrichtungen wie Gallien hatte: »ipse (Caesar) . . . . . edictum praemittit, ad quam diem magistratus principesque omnium civitatum sibi esse praesto Cordubae vellet. Quo edicto tota provincia pervulgato, nulla fuit civitas, quin ad id tempus partem senatus (i. e. principum) Cordubam mitteret;« etc.

sollte den Römern ihre Bedeutung und öffentliche Stellung, senatores ihren Charakter als Rathsherren anzeigen. Livius bezeichnet z. B. die Machthaber der lateinischen Eidgenossenschaft mit: »proceres, primores principes populorum Latinorum«, die Vertreter der lateinischen Städte bei der Bundesversammlung ebenfalls mit »principes« (VIII. 3, 8). Cicero nennt die Aristokratie »delecti ac principes cives«, oder »optimates« (de re publ. I. 16 u. 17). Der Ausdruck »omnes boni« mit Auslassung des Substantivs, der auch bei Hirtius (VIII. 22) vorkommt, hat hier die Nebenbedeutung als »römerfreundlich«. Warum aber hat Caesar diese Oberen nicht decuriones oder besser centuriones genannt? Der Grund scheint mir der zu sein, weil die Römer mit diesen Worten ganz bestimmte Begriffe verbanden und die gallische Landeseintheilung und Heeresorganisation keineswegs der italisch-römischen zu jener Zeit entsprach.

Die gallische Gesellschaft.

Entstehung der Ungleichheit.

Ich habe früher nachgewiesen, dass die Gallier in Italien kein Privateigenthum an Grund und Boden kannten. Sie hatten diesen Zustand mit allen Nomaden gemein; aber selbst dann, nachdem sie sesshaft geworden waren, betrachteten sie sich noch zu dem eroberten Ackerland als gleichberechtigte Genossen. Der Acker hatte auch nicht den grössten Werth, nur die Heerde*) war der wahre Reichthum; denn diese gab für die Bedürfnisse des Lebens das Meiste ab. Bei der grossen Vermehrung des Volks reichte mit der Zeit die Mark nicht mehr für die Heerde und das Ackerland nicht mehr für die Familie aus; da entschloss sich das ohnehin wanderlustige junge Volk zur Auswanderung, »neue Wohnsitze suchend«. Bei ihrer Ausbreitung nach Südgallien vernichteten und vertrieben sie die ligurische und iberische Bevölkerung, oder vertrugen sich mit ihnen, indem sie sich die besten Ländereien abtreten liessen und sich so über sie ausbreiteten. Obgleich sie sich in der Folge mit denselben vermischt haben, so blieb doch die Geringschätzung des Siegers gegenüber den Besiegten; und wenn dieselben nicht von Gemeinwegen unterworfen und unterdrückt wurden, so thaten

---

*) Wie das Lat. pecunia u. goth. faihu Vieh und Geld bedeutet, so altir. nach Zeuss (Gr. C. p. 442) na pl. ni, neuirl. ni pl. neithe Vieh und Sache; ebenso scath, bosluaiged, crodh = Vieh, Reichthum Geld. (Siehe Pictet II. 35.)

dafür die Einzelnen ihr Möglichstes. Sie wurden an Acker und Weide immer mehr verkürzt und somit zum Theil zu Besitzlosen gemacht. In manchen Gegenden mögen sie Hintersassen und zinspflichtig geworden sein. So kam es, dass gerade in Südgallien und Aquitanien unter den gemischten Bewohnern zuerst eine grosse Ungleichheit entstand. Sie wurde an der Küste durch den frühen Handelsverkehr und die Bekanntschaft mit dem griechischen Leben beschleunigt. Im Inneren von Gallien selbst musste, nachdem einmal die Auswanderungsfluth gestaut worden war, eine Zersetzung der Stammesvölker erfolgen. Die gemeine Feldmark war Familienbesitz geworden. Das Familienloos wurde unter den Blutsverwandten einer Familie, die die Gewere darüber hatte, vererbt und das gab den realen Zusammenhalt für die Sippen und Familiengenossenschaften. Diese Einrichtung konnte nur künstlich, durch Beschränkung auf eine gewisse Zahl für ein bestimmtes Weichbild wie in Sparta, oder durch Auswanderung der Ueberzähligen erhalten werden. Beides war nicht mehr möglich, und somit begann die Zersetzung der Gemeindegenossen in Arme und Reiche. Der Begriff des Mein und Dein hatte sich zuerst (wie wir früher gesehen haben) an der fahrenden Habe und an der Heerde entwickelt; mit der Vererbung des Familenlooses war er auch auf das liegende Gut übergegangen und es bedurfte nur noch römischen Einflusses, um volles Eigenthum zu werden. Eine Ungleicheit bestand auch schon früher, indem die Häuptlinge und Oberen bei Eroberungen grössere Antheile an Land und Beute erhielten und tapfere Familien sich durch Familienstolz in den Ehren und Vortheilen zu erhalten suchten. Dieses war jedoch noch keine Zersetzung des eigentlichen Volkes, die jetzt erst begann. Konnten keine Colonistenheere mehr ausgeschickt werden, und war ein Volk nicht zu einem beständigen Eroberungskrieg wie die Römer u. a. geneigt, so war nur noch das Handwerk eine neue Erwerbsquelle.

Durch die natürlichen Schätze des Landes an Gold und Silber und die Gier der Gallier darnach (nachdem sie einmal den Werth der edlen Metalle durch den Handelsverkehr kennen gelernt hatten) ergab sich ein Reichthum an Kostbarkeiten, den sie bei ihrer Glanz- und Prunksucht beständig zu vermehren suchten. Das Altirländische hat noch in »maini« und »séuti« (Zeuss, Gr. C. p. 37. u. 42) den Doppelsinn für Kostbarkeiten und Eigenthum bewahrt. Edles Metall und Geld wurde ein Aequivalent für alles Gut; damit wurde Kauf und Verkauf befördert. Kriegsgefahr veranlasste wohl die umwallten Schutzstätten; doch ein eigentliches Städteleben lernte man erst (wie wir früher ausgeführt haben) durch die Griechen kennen. Die Vornehmen ahmten das Städteleben nach; aber, ohne dass die Stadt eine politische Bedeutung erlangte. Sie liessen auf ihren Höfen landlose Knechte zurück, die für sie den Acker bestellten und auf den grossen Weiden, welche sie beinahe allein occupirten, das Vieh hüteten. Sie hatten Ländereien und Kapital und damit besassen sie die Macht. Da hielten sie sich Leute in ihrem Dienst und ihre grossen Bedürfnisse vermehrten Handel und Gewerbe. Es ist uns nichts gesagt über den socialen Zustand dieser Städte, aber es lässt sich vermuthen, dass in wie weit sie wirklich städtisch, sie ihren griechischen oder römischen Mustern nachgemodelt waren. Diese Städte erzeugten durch den Zulauf eine zum Theil gewerbtreibende Bevölkerung ohne Grundbesitz. Die Handarbeit konnte aber wegen ihres geringen Verdienstes nicht zu Wohlstand führen und mit der griechischen Lebensansicht verbreitete sich auch die Verächtlichkeit der Lohnarbeit. In dieser ganzen socialen Entwickelung hatten die angesehensten Geschlechter und besonders die regierenden den grössten Vortheil. Sie bekamen in herkömmlicher Weise als Führer in Kriegs- und Raubzügen den grössten Beuteantheil und erwarben im Frieden die ausschliessliche Berechtigung zu den Gemeinde- und Staatsämtern. Die Dinge, die ihres grossen Werths wegen der Neid nicht im Privatbesitz eines jeden duldet, wie Goldfelder und Bergwerke, nahmen sie für einen geringen Preis in Pacht, da Niemand das Herz hatte, sie abzubieten (vgl. I. 18). Durch ihr persönliches Ansehen und durch ihre Reisigen konnten sie fremden Kaufleuten, die das Land besuchten, zum eigenen Vortheil Schutz verleihen (III. 1). Als Vorsteher der Stadtbezirke und Dorfschaften erhoben sie die Bussen und, nachdem die Vornehmen und der Ritterstand allein die Gerichte besetzten, so beugten sie das Recht im Interesse ihrer Classe, bis (wie wir sehen werden) sie die Gerichtsbarkeit an die Priester abtreten mussten. Wie die Civilämter besassen sie wohl auch grösstentheils die Priesterwürden; aber den Zugang zu dem Priesterorden konnten sie dem gemeinen Manne nicht verschliessen.

Die Classe der Druiden erlangte bei der grossen Frömmigkeit der Gallier das höchste Ansehen. Zu den öffentlichen Opfern leistete das Volk Beiträge; ein Theil der Kriegsbeute wurde den Göttern geweiht. Die vielgesuchte priesterliche Mantik belohnten reichliche Gaben. Nach Erlangung der ordentlichen, hohen Gerichtsbarkeit nahmen die Priester auch diese Bussen ein; überdies machten sie sich von allen öffentlichen Steuern und Lasten frei. Die Verheerungen des Landes durch die Germanen, die Fehden der weltlichen Grossen mit den Nachbarländern und die Vertreibung der Ueberwältigten von ihrem Ackerland, innere Unruhen jeder Art, Privatfehden und Austreibungen führten gewaltsam die Ungleichheit herbei und begründeten die Herrschaft dieser Classen.

Auf solche Weise ungefähr kam der Adel der gallischen Stammesverfassung, der sich eigentlich nur auf die Tapferkeit und den Ruhm der Väter, d. h. auf das Ansehen ihrer Familie stützte, dazu, durch seinen jetzigen Grundbesitz und sonstige Reichthümer eine reale Macht im Staate zu werden und die faktische Anerkennung seiner Vorrechte in Privilegien umzuwandeln. Die nachahmungswerthen Muster waren ihnen die grossen Grundbesitzer von Massalia und nachher in der römischen Provinz. Vor Caesars Ankunft schon gab es einzelne Adelige, die an Reichthum alle anderen weit übertrafen und überdies als Steuer- und Zollpächter noch so viel erwarben, dass sie, wie z. B. der Haeduer Dumnorix (I. 18) an Solduriern und Ambacten fast königlichen Glanz entfalteten und sich durch Freigebigkeit bei dem gemeinen Mann beliebt machten, wodurch sie dann zu dem höchsten politischen Einfluss im Staat gelangten.

Die Stände.

Caesar sagt VI. 13: »In ganz Gallien gibt es nur zwei Classen von Menschen, die von Bedeutung und Ansehen sind« u. s. w., nämlich: »die Druiden und die Ritter«.

Die Ritter (»equites«).

Er fährt c. 15 fort: »Bei den Rittern ist es Brauch, dass alle in den Kampf ziehen, wenn irgend ein Krieg ausbricht. Das geschah — nämlich vor Caesars Ankunft — fast jedes Jahr regelmässig, da sie entweder ihre Nachbarn mit ungerechter und räuberischer Fehde überzogen (»injurias inferrent«), oder dergleichen abzuwehren hatten. Je vermögender einer von ihnen durch Geburt oder Güter ist, desto mehr Ambacten und Clienten hat er um sich. Dieses ist ihr einziger Begriff von Macht und Ansehen.«

Man nahm schon früher an, dass, da Caesar den gallischen Namen für diese Classe nicht anführte, «equites» nur die lateinische Uebersetzung davon sei. Man führte dafür die Stelle des Pausanias (X. 19 §. 6) an: „$τοῦτο\ ὠνόμαζον\ τὸ\ σύνταγμα\ τριμαρκισίαν\ τῇ\ ἐπιχωρίῳ\ φωνῇ\ καὶ\ ἵππον\ τὸ\ ὄνομα\ ἴστω\ τις\ μάκραν\ ὄντα\ ὑπὸ\ τῶν\ Κελτῶν.$" Diese sagt, dass das Pferd bei den Galatern »makra«*) genannt wurde, was

---

*) Ein anderes gallisches Wort »eporedicus«, das Plinius (III. 17) für Pferdebändiger anführt und wovon nach Pictet I. p. 346. epo Pferd bedeutet, findet sich noch im Irl. mit der Gutturale in echw; die derivat. aber zeigen noch die Labiale in ebran und ebod u. a. Nach dem gall. epo = equus, kann ein abgeleitetes W. für equites dem Lateinischen sehr ähnlich gelautet haben.

die keltische Sprache mit der deutschen gemein hatte, und ist heute noch im Irländ. marc, kymr. march = Pferd; war altd. marah, mar (Graff, Alth. Sprachsch. II. 844). Ich glaube aber, weil Caesar die ganze Classe equites nennt, dass er dadurch die politische Bedeutung derselben im Auge hatte und hiermit ihre Stellung im Staate dem römischen Leser fasslich machen wollte.

Wer waren die römischen equites? Seit dem Census des Servius Tullius die Reichsten und Angesehensten aus den Familien der ganzen römischen Bürgerschaft (Walter, Gesch. d. r. R. I. S. 157 u. f.), so dass damals schon zwei Drittel der Rittercenturien Nichtpatricier waren. Also der Adel und der Reichthum waren in der Ritterschaft vertreten. War das nicht so in Gallien? Gewiss! Sagt Caesar nicht c. 15: »ut quisque est genere copiisque amplissimus« etc.? Und wenn hier noch Zweifel übrig bliebe, weil das angehängte que wie das Bindewort et keinen Gegensatz einführt, so beweist eine Stelle des Posidonius (bei Athen. IV. p. 151) ganz deutlich das Ansehen des Reichthums neben dem Adel. Der griechische Reisende beschreibt hier ein keltisches Gastmahl und zweifelsohne sind die Theilnehmer gallische Ritter, welche dem Range nach um den Tisch sitzen, »in der Mitte der Vornehmste, gleichwie ein Chorführer, dann die übrigen, wie einer dem andern entweder an Kriegskundigkeit oder Adel oder Reichthum voranging.« Man wird vielleicht, in der Befangenheit moderner Anschauungen, dessenungeachtet noch einwenden, dass alle gallischen equites adelig (»nobiles«) waren. Das ist unrichtig. Hier müssen wir auf die Bedeutung der »nobilitas« bei den Römern hinweisen. Nach Zulassung der Plebejer zu allen Staatsämtern bildete sich die Ansicht aus, dass die Nachkommen eines römischen Bürgers, der ein curulisches Amt bekleidet hatte — also »senator« gewesen war — »nobiles« seien. Die Römer wandten bekanntlich dieses Wort auch auf die Nachkommen ausländischer Königsfamilien an, statt zu sagen regia stirps, ebenso wie sie die Glieder der eigenen kaiserlichen Familie »nobiles, nobilissimi« titulirten. So bezeichnet auch Caesar die Abkömmlinge der obersten Staatswürdenträger in Gallien, d. i. den gallischen Adel, mit »nobilitas« und zeichnet sie dadurch vor den »equites« aus. Er macht keinen Unterschied zwischen den Nachkommen der Könige und denen der obersten Staatsbeamten. In Aristokratien findet auch keiner statt. Er schreibt: »vir illustris, summa nobilitate« oder: »longe nobilissimus, antiquissima familia natus, summo loco natus« (I. 2; V. 25; VII. 32, 39. et passim). Bei Sprösslingen altköniglicher Geschlechter setzt er nur hinzu: »cujus majores (vel cujus pater) regnum obtinuerat« (V. 25 et passim). Diese ersten Geschlechter suchten ihren Glanz und ihren Einfluss bei anderen Staaten durch Ehebündnisse und Wechselheirathen zu befestigen. (Vergl. I. 9, 18). Die Nobilität besass bei Besetzung der obersten Staatswürden (wie wir gesehen haben) einen thatsächlichen Vorzug, aber kein Vorrecht. Der Sohn wurde des Vaters wegen geehrt und vielleicht auch noch der Enkel und es versteht sich von selbst, dass die Nachkommen bemüht waren, den Ruhm und das Ansehen ihres Geschlechts zu behaupten. Keineswegs aber hatte sich in den königlichen Geschlechtern ein sog. Warte- und Anfallsrecht der Descendenten geltend gemacht, noch gar eine Primogeniturordnung und dergleichen, sondern die Wahl unter den Geschlechtsgenossen durch das Volk war entscheidend. Mit der Tüchtigkeit der Nachkommen erlosch auch das Ansehen eines Geschlechts bei einem kriegerischen Volk.

Eine andere Entstehungsart des gallischen Adels und der privilegirten Stände als die, welche wir gegeben haben, ist historisch unerweislich. Es gab wohl bei anderen Völkern des Orients herrschende Stämme, wie z. B. die sog. Königsscythen (Herod. IV. 20), oder wie bei den Persern die Pasargaden, Maraphier und Maspier (Herod. I. 125), aus denen die Könige gewählt zu werden pflegten. Unter den Galliern gab es keine zur Herrschaft geborene Stämme, trotz der Patronalstaaten. Weder die Nobilität, noch die Ritter, noch die Druiden können von ursprünglichen Stämmen abgeleitet werden. Angesehen machte: Abstammung von einem berühmten Stammvater und Reichthum; traf Beides zusammen, so war ein solcher der Angesehenste, wie z. B.: »apud Helvetios longe nobilissimus et ditissimus fuit Orgetorix« (I. 2); aber die Tüchtigkeit durfte nicht fehlen. Ein Beispiel, wo ein tüchtiger Mann von niedriger Herkunft durch Cäsar zwar zu den höchsten Staatsstellen gelangte, und dies, wie es scheint, ohne Widerstreben der alten Geschlechter, findet sich in VII. 39: »Viridumarus, pari aetate et gratia, sed genere dispari, quem Cäsar, sibi ab Divitiaco transditum, ex humili loco ad summam dignitatem perduxerat.«

Die Nobilität aber hatte keine Vorrechte vor der Ritterschaft, sie war ihr vielmehr einverleibt. Die Ritterschaft selbst war (wie wir zu Anfange gesehen haben) die nach einem Census berufene Reiterei und begriff nach der gallischen Heeresorganisation, wornach der Reiterdienst der wichtigste war, alle solche Kriegspflichtige, welche nach ihrem Vermögen zu Pferde zu dienen verpflichtet und berechtigt waren, während das Volk zu Fuss diente. (Vergl. I. 4; V. 46; VII. 21; VIII. 7). Es geht aus vielen Stellen hervor, dass jeder Kriegspflichtige seine Ausrüstung und Verköstigung selbst zu besorgen hatte (eine Einrichtung, die auch in der fränkischen Zeit wiederkehrte) und jedenfalls Vermögen voraussetzte. Das Vermögen war also der Maassstab hiezu.

Das Verhältniss der Reiterei zu dem übrigen Aufgebot zu Fuss, kann aus Mangel an Angaben*) nicht genau bestimmt werden. Es lässt sich nur approximativ bei der Reiterangabe des Vercingetorix — die sich einmal (VII. 64) auf 15,000 belief, und dann bei der Ergänzungsmannschaft auf 8000 zu 240,000 M. Fussvolk (VII. 76) — ein Schluss ziehen und daraus ein Verhältniss wie 1 : 30 herleiten, d. i. ungefähr 3 % der Bevölkerung. Zwar mag sich die Ritterschaft und der Adel nicht insgesammt an den Befreiungskriegen betheiligt haben.

Die germanische Bevölkerung in Belgien, die noch die alten demokratischen Einrichtungen bewahrte, hatte auch alte angesehene Geschlechter, aber keinen eigentlichen Ritterstand; desshalb hatten z. B. die Nervier (II. 17) auch keine Reiterei.

Gallische Abhängigkeitsverhältnisse.

Die Clientel.

Unter den keltischen Völkern gab es ursprünglich keine andere Abhängigkeitsverhältnisse des Menschen vom Menschen als die, welche die Natur selbst macht. Der körperlich Stärkere ward gefürchtet wegen seiner Kraft, der Verständige und Kluge wurde gehört wegen seiner Weisheit. Alle körperlichen und geistigen Vorzüge bewährten von jeher ihren Einfluss. Je mehr die menschliche Gesellschaft vom Naturzustand abwich, desto mehr traten auch andere Dinge ausser der persönlichen Tüchtigkeit in Berechnung, nämlich Besitz an Gut und Geld. Als das Bedürfniss dieser Dinge wuchs, brachte grosses Besitzthum Macht und Herrschaft, der Mangel daran Armuth und Abhängigkeit. Mit der materiellen Abhängigkeit hörte im Alterthum auch jede politische Gleichberechtigung auf.

Die Römer verstanden unter »clientela« jede Art der Abhängigkeit eines Menschen, ohne gerade Sklave zu sein u. s. w. (Siehe Walter, Gesch. d. r. R. I. 17 u. f.). Wir wollen jetzt die Arten der gallischen Clientel kennen lernen. Cäsar schreibt VI. 11; »In Gallien gibt es nicht allein in allen Staaten, in allen Gauen und deren Unterabtheilungen (Dorfschaften und Stadtbezirke), sondern auch fast in jedem einzelnen Hause Factionen. Häupter dieser Parteien sind, welche bei ihnen das meiste Ansehen haben; die Meinung und das Urtheil dieser ist in allen

---

*) Die Stelle V. 5 kann als solche nicht gelten, dort heisst: »totius Galliae equitatus« nur »Reiterei aus allen Theilen Galliens.«

Dingen und bei allen Berathungen massgebend und entscheidend.« Wie die gallischen Staaten sich gruppiren, so gruppirt sich die gallische Gesellschaft, oder besser gesagt: die Staatengruppen sind ein Bild der Gesellschaft. Von oben bis unten Parteien, die einen als Chef anerkennen: Patronalstaaten und Clientelstaaten, Factionshäupter und Factionsgenossen. Ueberall Abhängigkeit und Leitung; nirgends individuelle Unabhängigkeit und Freiheit. Diese Anerkennung des Parteihaupts in politischen Dingen wollen wir politische Clientel nennen.

Worin bestand diese politische Clientel?

Cäsar antwortet darauf: »ne quis ex plebe contra potentiorem auxilii egeret: suos enim quisque obprimi et circumveniri non patitur, neque, aliter si faciant, ullam inter suos habent auctoritatem.« D. h., »damit der gemeine Mann nicht des Schutzes gegen den mächtigeren entbehre; denn jeder lässt seinen Anhang weder unterdrücken noch übervortheilen, lässt er dies zu, so geht er des Ansehens unter den Seinigen verlustig.« Diese politische Clientel bestand also sichtlich darin, dass Gemeinfreie und Mindermächtige sich benöthigt sahen an den Angesehensten sich anzuschliessen um den Bedrückungen anderer zu entgehen. Wo war da die Gerechtigkeit, wo die Billigkeit? Parteiisch die Verwaltung, parteiisch die Rechtsprechung! Es herrschte der Mächtige und die Gewalt. Ruhe war da nur im Staat, wenn sich die Parteigruppen das Gleichgewicht hielten, oder bei völliger Herrschaft einer Partei; aber niemals Friede. Die Clienten dagegen waren ihrem Chef und Patron ergeben und unterstützten dessen politische Bestrebungen. Ein Beispiel davon, wie schroff sich diese politischen Clientelschaften in Zeiten einander gegenüber standen, gibt Cäsar VII. 32, wo bei dem Wahlkampf um die erste Magistratur der Haeduer »der Senat getheilt war und nicht minder das Volk, ein jeder (der Candidaten) hatte seine Clientelschaften«; ja, der ganze Staat kam in Aufruhr und die Bürgerschaft griff zu den Waffen, deren Entscheidung Cäsars Erscheinen verhinderte.

Es heisst im Text, dass diese Einrichtung »antiquitus institutum« sei; wir wollen sehen, ob von dieser politischen Clientel schon früher berichtet wird. In der That findet sich schon bei Polybius, wo er die italischen Gallier schildert, die Stelle (II. 17): „περὶ δὲ τὰς ἑταιρείας μεγίστην σπουδὴν ἐποιοῦντο διὰ τὸ καὶ φοβερώτατον καὶ δυνατώτατον εἶναι παρ' αὐτοῖς τοῦτον ὅς ἂν πλείστους ἔχειν δοκῇ τοὺς θεραπεύοντας καὶ συμπεριφερομένους αὐτῷ." Das heisst: »die Galater befleissigten sich besonders der Parteigenossenschaften, weil derjenige bei ihnen der Gefürchtetste und Mächtigste ist, welcher die meisten Anhänger und Begleiter hat.« Cäsar sagt VI. 11 und 15 in f. fast dasselbige.*) Es heisst c. 11: »In Gallia non solum in omnibus civitatibus .... factiones sunt: earumque factionum principes sunt, qui summam auctoritatem eorum judicio habere existimantur« etc. Und in c. 15 ibid.: »atque eorum ut quisque est genere copiisque amplissimus, ita plurimos circum se ambactos clientesque habent.« Also, »je nachdem jeder durch Geschlecht oder Reichthümer mächtig ist, hat er eine Anzahl Ambacten und Clienten um sich.« Die »clientes« sind jene „$συμπεριφερόμενοι$," d. h. Anhänger aus dem Volke, politische Clienten.

In der Clientel befanden sich nicht allein Mindermächtige und Geringere, sondern es versteht sich von selbst, dass ausserdem eine Menge begünstigter, durch mannigfache Beziehungen abhängige Leute, Schuldner u. dgl. dazu gehörten. Betrachten wir den Anhang des Helvetiers Orgetorix in jenem Hochverrathsprozess, so stellt es sich deutlich heraus. Dort heisst es I. 4: »Orgetorix brachte auf den angesetzten Gerichtstag seine ganze Sippschaft und alle seine Hörigen (»suam familiam«), an 10,000 Köpfe zusammen und trieb von allen Seiten auch alle seine Clienten und Schuldner (»obaeratos«), deren er eine grosse Menge hatte, herbei.« Hier sind ziemlich alle Arten der Clientel vertreten. Viele davon stehen in einem privatrechtlichen Verhältniss und werden von Caesar, gleich den römischen Clienten, in der »familia« inbegriffen.

Wir wollen nun die Privatclientel in der historischen Zeit verfolgen und dann die Arten derselben zu Caesars Zeit unterscheiden.

Die Privatclientel.

Diodorus Siculus (V. 29) erzählt aus älteren Berichten von den gallischen Herren: „$ἐπάγονται\ δὲ\ καὶ\ θεράποντας\ ἐλευθέρους,\ ἐκ\ τῶν$ $πενήτων\ καταλέγοντες,\ οἷς\ ἡνιόχοις\ καὶ\ παρασπισταῖς\ χρῶνται\ κατὰ$ $τὰς\ μάχας.$" Das ist: »sie führten auch freie Diener herbei, ausgewählte aus den Dürftigen, die sie als Wagenlenker und Schildträger bei den Kämpfen gebrauchen.« Es sind also, wie der Geschichtschreiber sagt „$θεράποντες$", wie sie in der heroischen Zeit der Hellenen die „$ἄνακτες$" hatten. Die Gleichheit kommt von der ähnlichen Kampfweise der Gallier in der damaligen Zeit. Vergleichen wir noch diese Stelle mit jener des Posidonius (bei Athen. IV. 36 p. 152), so finden wir ausser dieser Gattung noch wirkliche Satelliten: „$καὶ\ οἱ\ μὲν\ τοὺς\ θυρεοὺς\ ὁπλο$- $φοροῦντες\ ἐκ\ τῶν\ ὀπίσω\ παρεστᾶσιν,\ οἱ\ δὲ\ δορυφόροι\ κατὰ\ τὴν\ ἀντικρὺ$

---

*) Wie tief dieses Protecterat in Gallien eingewurzelt war, zeigt noch später das Verbot des Kaisers Theodosius. Nicht nur einzelne Private, sondern ganze Dörfer stellten sich unter den Schutz eines »princeps«. (L. 3 cod. Theod. XI. 24.)

καθήμενοι κύκλῳ καθάπερ οἱ δεσπόται συνευωχοῦνται" κ. τ. λ. Auf deutsch: »Die Schildträger, welche die mit Thierbildern bemalten Schilde tragen, standen hinter ihnen, die Leibwächter (Begleiter) aber speisten gegenüber, in einem Kreise sitzend wie ihre Herren« u. s. w. Aus diesen „δορυφόροι" gingen nach veränderter Kampfweise die »soldurii« hervor; die anderen Geringeren zählen zu den »ambacti«.

Die Soldurii.

Das Factionswesen oder — diesen Trieb in seiner besseren Erscheinung genommen — der gesellige Sinn der Gallier, zeigte sich auch in einer Art »sodalitas«, der Kriegskameradschaft. Es sind Anhänger, die sich so sehr an die Person des Führers und Herrn anschliessen, dass sie zur Zeit der Noth geloben: mit ihrem Herrn zu siegen oder zu sterben. Es erklärt sich diese Erscheinung aus einer angeborenen Hochherzigkeit und Aufopferungsfähigkeit dieser Nation, eine Eigenschaft, die wir später bis zur Ausartung kennen lernen werden. Caesar erfuhr zuerst von einem solchen Todtenbund von Clienten mit ihrem Patron aus den Kämpfen des jungen Publius Crassus mit den Sontiaten in Aquitanien. Er erzählt dort (III. 22), während der Waffenablieferung versuchte auf der anderen Seite der Stadt der Oberfeldherr Adcantuanus (seu Adiatunnus) einen Ausfall mit 600 »devoti«, welche jene (d. i. die Aquitaner) »soldurii« nennen. Dann schaltet er Folgendes über diese ein: »quorum haec est conditio, uti omnibus in vita commodis una cum his fruantur, quorum se amicitiae dediderint; si quid iis per vim accidat, aut eundem casum una ferant, aut sibi mortem consciscant; neque adhuc hominum memoria repertus est quisquam, qui, eo interfecto, cuius se amicitiae devovisset, mortem recusaret«. D. i.: »sie pflegen mit demjenigen, welchem sie sich geweiht haben, alle Lebensgenüsse zu theilen; im Falle seines gewaltsamen Todes dagegen theilen sie entweder diesen Tod, oder nehmen sich selbst das Leben. Und es ist seit Menschengedenken nicht vorgekommen, dass ein solcher Soldurier sich nach dem Falle seines Gefolgeherrn dem Tod entzogen hätte«. Diese Art von Getreuen kamen nicht allein bei den Aquitanern, sondern auch bei den übrigen Galliern vor. Wenn daher Caesar (VII. 40) das Gefolge des Litavicus »clientes« nennt statt soldurii, so bezeichnet er sie nur mit einem generellen Namen. Die Stelle lautet: »Litavicus cum suis clientibus, quibus more Gallorum nefas est, etiam in extrema fortuna deserere patronos, Gergoviam profugit«. Bei dem Worte devovere wird man unwillkürlich an die Todesweihe der Decii erinnert. (Vergleiche Livius VIII. 9 u. a. a. O). Athenaeus, der bei Schilderung der Hofleute und Schmeichler (VI. 5

p. 249) Caesar's Erzählung wiederholt, fügt noch etwas mehr hinzu und übersetzt »devoti« mit „*ἐυχωλιμαῖοι*", was durch ein Gelübde Verpflichtete bedeutet. Plutarch (Sertor. c. 14 p. 575) wieder gebraucht für devotio „*κατάσπεισις*", d. i. Weihe. Es könnte daraus wie aus VII. 40 die Ansicht geltend gemacht werden, dass diejenigen, die sich einem Herrn eidlich angelobten, von einem Druiden durch symbolische Handlungen geweiht worden sein möchten, obgleich uns nirgends etwas Bestimmtes hierüber hinterlassen worden ist. J. Grimm (Gesch. d. d. Sprache I. S. 135) vergleicht damit den Bluteid der Scythen, der bei Lucian c. 37 und Herodot IV. 70 beschrieben ist.

Ueber die Etymologie des Wortes soldurii ist man noch zu keinem allgemein befriedigenden Resultat gelangt. Die Variante des Nicolaus Damasc. (apud Athen. VI. 13) „*σιλοδούροι*" und „*σιλοδούνοι*" ist von wenig Belang. Ein Theil der Etymologen betrachtet das Wort als iberisch, weil es nach Crassus Bericht von einem aquitanischen Volk gehört wurde und Valerius Maximus (II. 6. 11) und Plutarch (Sertor. c. 14) diese Einrichtung auch von den Celtiberiern berichten. Sie wollen es desshalb aus dem Baskischen erklären. So auch Améd. Thierry I. p. 431 n. 2. Nach Wilhelm von Humboldt's Glossarium leitet er es von einem Particip. salduna pl. saldunac = ein Pferd habend ab und fügt die Bemerkung bei: »dans la traduction d'un auteur ancien, le mot Romains, Quirites, est rendu par Saldunac«! J. Grimm dagegen (Gesch. d. d. Spr. I. S. 134) erklärt es für deutsch: goth. skula, ahd. scold, mhd. schold = Schuldner; davon goth. skuldô, ahd. sculd = Schuld. Abgesehen davon, dass von skuldo soldurius nicht hergeleitet werden kann, wie stimmt der Begriff devotus comes mit »Schuldner« zusammen? Anderen sogar klingt es wie »Söldner«; aber, ist das Wort »Sold« deutschen Ursprungs? Wir finden zwar im chronicon Hugonis I. p. 57 bei Pertz (Scriptor. VIII. 342): »militibus, quos soldarios vocari mos obtinuit«. Im elften Jahrhundert werden die reisigen Knechte der Fürsten »milites gregarii« oder »solidarii« genannt; im dreizehnten bei Boehmer (cod. mf. 97): »stipendiarii, qui suldinere dicuntur vulgariter«. Kam aber die Benennung nicht von dem Goldstück, das sie erhielten, dem Solidus? Nach dieser Münze wurden bei allen Völkern des Mittelalters solche, die für Geld Kriegsdienste thaten, benannt. So heisst Soldat im Baskischen saldu, ital. soldo, altfranz. soldée oder soudée (Vergl. Dietz I. 302); kymr. sawdwr u. s. w. Pictet II. 195 bringt nach Bopp (Vergl. Gr. III. 90) das irländ. suidh, ers. saoidh = Krieger von suidhim = ich setze mit dem sansk. sad = sedere und sâdi = Krieger, welcher zu Wagen kämpft, in Verbindung und vergleicht damit, »obschon es sehr weit von seddu = sitzen entfernt sei«, das kymr. sawdwr. Sein Vergleich lässt sich schwer rechtfertigen.*)

Von allen diesen Erklärungen gilt das Bekenntniss L. Diefenbach's (Orig. Europ. S. 421): »Was wir und andere bisher von Etymologien versuchten, bleibt am besten verschwiegen!« Bis zur genügenden Erklärung wollen wir soldurii als »devoti« nehmen und wir werden damit den richtigen Begriff verbinden.

Dieses an sich keltische Jnstitut ging auch auf die Germanen über. Durch gallische Einflüsse hat sich das deutsche Gefolge aus den Anfängen bei Caesar (VI. 23) zu dem entwickelt, wie wir es 140 Jahre später bei Tacitus (Germ. 13 & 14) beschrieben finden. Bei den Deutschen waren es Jünglinge aus freien und selbst aus altangesehenen Geschlechtern, welche, um sich im Kriegsdienst auszubilden, als »comites« bei den Angesehensten, besonders bei Staatsvorstehern und Königen eintraten. Schliessen wir von diesem Nachbild auf das Muster zurück, so konnten es, in Ansehung der veränderten Umstände bei dem damaligen gallischen Factionswesen, nur die freien Söhne der politischen Clienten sein, die (nach dem gallischen Charakter) in dieser hingebenden Weise den mächtigen politischen Parteihäuptern dienten.

Verfolgen wir das Institut auf gallischem Boden weiter, so finden wir später in einem Brief des Sidonius Apollinaris an Ecdicius (lib. III. ep. 3): et vix duodeviginti equitum sodalitate comitatus, aliquot millia Gothorum . . . . . . transisti«. (Lafferrière II. p. 28 u. 16). Die Antrustionen**) der fränkischen Senioren gleichen in ihrer Stellung den Solduriern vollkommen; die Vassi der karolingischen Periode sind schon eigentliche Beneficiare.

Die altdeutschen Gefolgeschaften (»comitates«) zeichneten sich ebenso wie die gallischen Soldurier durch Hingebung an die Person des Herrn aus; im Lehnstaat dagegen knüpfte sich die Treue nur an das Lehen, und die Treue hörte regelmässig auf, sobald kein Vortheil mehr vom Lehensherrn zu erwarten war.

---

*) Die Absicht dabei scheint mir die zu sein: man möchte gern in dem Wort soldurius den Begriff von Reiter finden, den A. Thierry am angef. O. und II. 14 in salduna = cavalier glücklich gefunden zu haben glaubt. Warum aber müssen diese devoti Reiter sein? Nach der Hauptstelle III. 22 zu schliessen, ist es militärisch gar nicht wahrscheinlich. Es lässt sich nur vermuthen, weil die nobiles zu Pferd dienten, dass sie auch beritten waren; aber es kann immerhin ein grosser Theil zu Fuss gewesen sein.

**) Nach Leo, Ferienschriften II. 110, ist das Wort keltisch und bedeutet »Edelwächter«.

Die eigentlich unterthänigen Leute oder die Privat-clientel im engsten Sinne.

Es bleiben uns jetzt noch, wenn wir die gallische Gesellschaft in Bezug auf den Herrendienst betrachten, diejenigen übrig, die in einem niedrigeren Dienstverhältniss bei den Magnaten standen, welche wir heute gewöhnlich unter dem Namen Hofgesinde begreifen, nämlich: die Knechte und Mägde, die Gewerbsleute und Viehhirten, Ackerknechte u. s. w.; aber auch diejenigen Leute, die auf den Ländereien der Grossen sassen, welche früher freie Gemeindegenossen waren und ein freies Eigen an dem Boden hatten, jetzt aber, sei es durch Schulden oder durch Gewalt, Hintersassen der Grossen geworden sind. Diese Betrachtung führt uns auf die

Ambacti.

Ihren Begriff wollen wir zuerst aus der Wortbedeutung zu erklären versuchen.

Festus schreibt (p. 4 ed. Lindemann): »ambactus apud Ennium lingua gallica servus appellatur«. Demnach bedeutet das Wort in der gallischen Sprache soviel wie im Lateinischen servus. Wenn Ennius »ambactus« mit servus übersetzt, so wollte er damit nicht dessen rechtliche, sondern nur dessen dienende Stellung bezeichnen, die der des röm. servus ganz entspricht. Die griechische Glosse des Labaeus ist correcter, nach ihr ist es ein Knecht, der vertragsmässig um Lohn und Unterhalt dient. Sie lautet: »ambactus $\delta o\tilde{\nu}\lambda o\varsigma$ $\mu\iota\sigma\vartheta\omega\tau\acute{o}\varsigma$, $\acute{\omega}\varsigma$ "$E\nu\nu\iota o\varsigma$."« (Siehe Schneider's Ausgabe der Commentarien II. S. 235.) Daraus geht hervor, dass der Ambact seinem Herrn nicht leibeigen oder gar dessen Sache war. Erst fremder und besonders römischer Einfluss hat den keltischen Völkern diesen Begriff gebracht. Eine andere Glosse von Philoxenus h. v. übersetzt es mit »Kriegsknecht«. (Siehe de Belloquet I. p. 76.) Dazu wurden die Ambacten auch gebraucht und (wie wir früher gesehen haben) bei der älteren Kampfweise zu Wagen häufiger, wie es Diodorus Sicul. V. 29 beschreibt. Die gallischen Ritter führten auch jetzt noch eine Menge Wagen und Gepäck mit sich (»ut fert Gallica consuetudo« bell. civil. I. 51), wozu sie viele Knechte und Bedienten (servi) nöthig hatten. Die Identificirung des Wortes mit servi war auch Caesar geläufig; denn er schreibt einmal VI. 19 statt »ambacti et clientes« dafür »servi et clientes«.

Der Verfasser der Commentarien hat das Wort nicht erklärt, er durfte bei seinen lateinischen Lesern die Bedeutung voraussetzen; denn es war ja schon bald 200 Jahre, seit Ennius bekannt. Es war somit auch in gewissem Sinne latinisirt. So lautete es den späteren ganz lateinisch und sie betrachteten es als ein Particip. von ambigere, von welchem es auch ganz gut abstammen könnte, besonders, wenn es die Bedeutung von ambire, ambitio, ambitus hätte. (Siehe Zeuss, Gr. C. 761 und L. Diefenbach, Orig. S. 227). Nach Festus und Paulus Diaconus ist es ein lateinisches Compositum und soviel wie »circumactus«. Zeuss, Gr. C. 761 schwankt und ist geneigt es als hybrid aufzufassen, weil »am« Praeposition sei und kymr. soviel wie circum bedeute. Das Wort ist nichts desto weniger gallisch; man findet es auch auf Inschriften bei Duchalais p. 158; Orelli 2774; Steiner 1116, 1499 u. s. w. J. Grimm (Gesch. d. d. Sprache L 133) erklärt es für deutsch, weil schon im Goth. andbahts = Diener vorkommt. Gegen die Verwandtschaft mit dem goth. and-bahts streitet, dass b. im gall. amb-actus zum Präfix, im Goth. zur Wurzel gehört (Diefenbach, Orig. S. 277). Dagegen behauptet Pictet II. p. 377 ambactus sei zusammengezogen von ambbactus und ambi-bactus; ambi praefix = scr. abhi, gr. $\dot{\alpha}\mu\varphi\iota$, ad. umbi. altirl. imb, imm, kymr. am etc. Dass auch das goth. and-bahts nicht direct von dem gall. Wort komme, versichert noch Pictet, wegen dem Praefix and = scr. ati, gr. $\dot{\alpha}\nu\tau\iota$ etc. Jedoch hält er wie Pott II. 47 und Bopp Glossar. sanscr. 242 b. beide mit der Sanscritwurzel bhág = servire, colere als urgemein, wovon scr. bhakta, bhaktila = sequens, sectator, d. i. Anhänger, Begleiter. »Wie die Armuth und die Knechtschaft einander sehr nahe berühren«, so glaubt er auch, »dass das irländ. bocht = arm, ursprünglich abhängig bedeutet habe und davon herkomme.«

Von Gallien aus ging im Mittelalter diese Einrichtung mit dem Namen (wie wir später nachweisen werden) in alle germanischen Sprachen über. In den Leges Barbarorum wie z. B. in der Lex Salica 1. 3 findet sich »dominica ambascia = Herrendienst und in der Lex Burgund. addit. 1. 17 »ambascia« = functio, legatio, missio; daher das französ. »ambassade«. (Andere Stellen siehe bei J. Grimm Gesch. d. d. Spr. I. 132). Altd. ampaht = Diener, Amt, ags. ambeht, scand. ambátt Magd, schwed. ämbete, dän. embed, mhd. ambet, nhd. Amt. Die kymrische Form amaeth = Arbeiter und Ackerer mag sich durch germanischen Einfluss so gestaltet haben.

Fassen wir schliesslich alle Bedeutungen des Wortes zusammen, so ist es jedes persönlich dienende Verhältniss im Hause des Herrn als Diener und Magd, als Handwerker in der grundherrlichen Werkstätte, als Ackerknechte auf dem Lande und als Waffenknechte im Krieg. Somit verrichteten die gall. Ambacten alle Dienstleistungen römischer Sclaven.

In welchem Rechtsverhältniss standen sie zu ihren Herren und waren sie wirklich Sklaven?

Ich habe früher behauptet, dass die keltischen Völker ursprünglich keine Knechtschaft kannten (siehe auch Leo, Ferienschriften I. S. 71) und ich bin selbst für diese Zeit noch geneigt anzunehmen, dass die Sclaverei als rechtliches Institut gesetzlich nicht überall bestanden hat, und wo sie es geworden, nur durch römischen Einfluss geworden ist. Allerdings schreibt Cäsar von den Gedrückten aus dem Volk, die Ambacten werden: »in hos (nobilibus) eadem omnia sunt jura, quae dominis in servos,« d. h. »die Magnaten haben alle Rechte an ihnen, wie die (römischen) Herren gegen ihre Sklaven.«*) Diese Aussagen Cäsars sind bestimmt und allgemein; wir müssen sie aber dessenungeachtet auf das eigentliche Gallien und Aquitanien beschränken.

Die Ausführungen über die gallische Gerichtsbarkeit werden darlegen, dass diese ackerlose Bevölkerung aus dem Gemeindeverband ausgeschieden war und in ein persönliches Verhältniss mit dem Herrn trat, der dann zunächst ihr Richter und Gebieter wurde.

Es war der Stolz eines gallischen Magnaten, eine zahlreiche Dienerschaft um sich zu haben und es war neben der Eitelkeit in der That auch der Maasstab seines Reichthums (VI. 15). Die Vornehmsten (»nobiles«) hatten ein grosses Gefolge; der gewöhnliche Ritter wird nur wenige Begleiter gehabt haben. Diese Ambacten folgten ihren Herren bei allen öffentlichen Aufzügen und die Glosse bei Dufresne charakterisirt sie hier richtig als »circumeuntes catervatim« (L. Diefenbach, Orig. S. 227). Ihnen gleichen hier äusserlich die Muntmannen der deutschen Reichsstädte, die auch ihre »Ehrbarkeit« in die Kirche begleiteten. Das Wort bewahrten noch in der Niederlande im XIV. Jahrhundert die vlämischen Zunftleute (»ambacht«) und ihr erwählter, vornehmer Zunftpatron.

Das höchste Zeichen der Macht aber war dem gallischen Adeligen die Menge politischer Clienten aus dem Ritterstand und aus dem Volk. Dieser Anhang entschied seine politische Bedeutung im Staat.

Das Volk.

Was den Rittercensus nicht erreicht hatte, d. h. nicht zu Pferde dienen konnte, und nicht in den Druidenorden aufgenommen war, ge-

---

*) Ein Beweis schon liegt darin, dass früher Ambacten (»servi«) und sogar Clienten, die der verstorbene Herr besonders liebte, mitverbrannt wurden (VI. 19 in fine).

hörte zu dem Volk. Es machte die grösste Masse der Bevölkerung aus. Politische Rechte sind für sie in der jetzigen Verfassung nicht mehr übrig. Sie besuchten schon längst nicht mehr die Landesversammlung; denn es war ihnen ja zum Voraus recht, was die grossen und vornehmen Herren, ihre Darleiher, Beschützer und Ernährer sagten und wollten. Der Wohlstand war gebrochen und somit auch ihre Selbstständigkeit. Sie erscheinen als Gruppen von Schmeichlern und Bettlern um die Häupter mächtiger Grossen. Cäsar (VI. 13) nennt das Volk »plebes«, weil es wie die römische Plebs die Lasten als Bürger zu tragen, aber verachtet wie jene, keine Ehrenrechte hatte; ja, er fügt noch das Schlimmere hinzu: »plebes paene servorum habetur loco, quae per se nihil audet et nullo adhibetur concilio.« D. h.: »das Volk wird fast auf der Stufe der Sclaven gehalten, es unternimmt für sich nichts und wird zu keiner Berathung hinzugezogen.« Die römische Plebs hatte noch ein Stimmrecht — wenn auch ohne Bedeutung — und erfreute sich des vollen Genusses des Civilrechts; in Gallien aber galt kein gemeines, für alle bindendes Gesetz, sondern das Recht war persönlich und wurde nach Willkür der Herrschenden geübt. Erscheint da das Urtheil des Römers nicht treffend, wenn er sagt: »plebes paene servorum habetur loco«? Abhängig von Rittern und Druiden, Adel und Pfaffen, ohne Vereinigung in ihren Bezirken als Dorf- oder Stadtgenossen, ohne Wahl- und Stimmrecht, gerichtsunterthänig einer höheren Classe, bedürftig der Vermittelung der Priester zur richtigen Gottesverehrung — war dieses Volk nicht in Knechtschaft? Sie wagten nichts um ihre Rechte zurückzuerobern und als der Tag der nationalen und socialen Befreiung anbrach, da fehlte es ihnen am Gemeinsinn und an der rechten Ausdauer. Die Eitelkeit und das Factionswesen hat diese von Natur begabte Nation corrumpirt und seine beste Eigenschaft, die Hochherzigkeit, in charakterlosen Leichtsinn umgewandelt. Die Gallier waren nach der Ansicht der Römer keine zäh ausdauernde, männliche Naturen wie die Germanen, denen die Unabhängigkeit und Selbstständigkeit über Alles ging, sondern leicht aufgeregte, weibische Charaktere.

Die Bevölkerung des Südens und eigentlichen Galliens zerfiel schon in Stadt- und Landbevölkerung, aber ohne dass rechtlich zwischen beiden ein Unterschied, wie im germanischen Mittelalter bestand. Die Städter machten einen viel geringeren Theil derselben aus. Einige Völkerschaften hatten zwar schon viele schöne und volkreiche Städte, wie die Bituriger z. B. deren mehr als 20 (VII. 15); unterdessen möchte ich die Volkszahl der grössten dieser »urbes« nicht über 15,000 anschlagen, obgleich sie in Kriegszeiten mehr als 40,000 Menschen fassen konnten. Die Stadt erlangte bei den Galliern nicht dieselbe politische Bedeutung wie bei den Griechen. Erst unter den Römern wurde die Stadt Gerichts- und Verwaltungssitz des umliegenden Landes. Die Städte der Belgen hingegen waren nur umwallte Oerter (»oppida«), ohne städtisches Leben (II. 29, 30 u. 33); da ihre Fürsten und Vornehmen noch auf ihren Höfen lebten (VI. 30). Alle reichen und vornehmen Gallier des Südens, so viele Höfe sie auch hatten, besassen Wohnhäuser in den Städten. Die Einwohner derselben betrieben neben ihrem Ackerbau auch Gewerbe. Das Gewerbe aber brachte nicht viel ein, weil das gemeine Volk zu arm war um etwas zu kaufen, und »anstellig genug« sich das Nöthigste selbst zu verfertigen. Die Vornehmen und Reichen kauften das Ausländische. Im Lauf der Zeit zogen sich wohl auch von überall her Ausmärker in die Städte, die entweder als Herrendiener und Schmarozer die Zahl der Ambacten vermehrten, oder als Handwerker, wie die Metoeken Massalia's, Clienten eines mächtigen Gönners wurden.

Die Bevölkerung Südgalliens bestand (wie wir schon früher gesehen haben) aus einer von den Galliern zum Theil unterdrückten ligurischen und iberischen Bewohnerschaft und einigen grächsirten Städten. Die ligurische Bevölkerung um Massalia kam schon früher in Abhängigkeit oder arbeitete doch, wenn auch persönlich frei, als Taglöhner auf den Landgütern der grossen Kaufleute (Strab. IV. u. V. u. Diod. Sicul. IV 20). Hier kam wohl zuerst eine Erbunterthänigkeit über die unterworfenen Gutseingesessenen nach Art der „πελάται" oder „πενέσται" auf, welche die andringenden Kelten an den besiegten Feinden nachahmten; die sie aber, als sich die gallische Gesellschaft zersetzte, auch im Innern auf die Stammesgenossen ausdehnten.

Fragen wir nun, wie kam das arme Volk, nachdem die Ungleichheit da war, in Sclaverei?

Cäsar antwortet darauf (VI. 13): »plerique, quum aut aere alieno, aut magnitudine tributorum, aut injuria potentiorum premuntur, sese in servitutem dicant nobilibus: in hos eadem omnia sunt jura, quae dominis in servos.« D. i.: »die meisten, da sie entweder durch Schulden, oder durch drückende Abgaben, oder durch gewaltsame Ungerechtigkeiten der Mächtigen gedrückt werden, begeben sich in die Sclaverei der vornehmen Geschlechter (lassen sich als Leibeigene und Ambacten bei den Adeligen aufnehmen), welche an ihnen alle die Rechte haben, die der Herr hat über seine Sclaven.« Man könnte hier glauben, der Bekämpfer Galliens hätte, theils aus Verachtung gegen das knechtischgesinnte gemeine Volk, theils aus Hass gegen die Ritter, hier vielleicht übertrieben und das »plerique« wäre für multi zu nehmen und am Schluss statt »in hos eadem omnia sunt jura« zu denken: in hos non

pauca sunt jura etc. Unsere weitere Darlegung wird aber zeigen, dass
Cäsar nicht zu viel gesagt hat.

Wir wollen zuerst die Gründe betrachten, wodurch der gemeine
Mann in Knechtschaft kam.

Zuerst durch das »aes alienum«, d. i. durch Schulden aus Darlehen. In Schulden kamen gewiss viele, wie zu aller Zeit, durch eigenes Verschulden: durch Trägheit, Verschwendung und Genusssucht, wozu die Stadt und die fremden Kaufleute Gelegenheit boten. Es gab aber noch andere Veranlassungen, die einen jeden Bürger in Anspruch nahmen, das waren die Ausrüstung und Verköstigung im Krieg. Und Kriege der Gallier waren nicht erst seit der Invasion der Römer und der Germanen häufig, sondern »pflegten vor Cäsar's Ankunft fast alljährlich unter ihnen vorzukommen« (VI. 15). Der Adel mit seinen Soldurien sorgte dafür; es war ja eine »consuetudo Gallorum.« Da musste der gemeine Mann in seine Taschen greifen und, wenn er nichts darin fand, bei irgend einem Herrn ein Darlehen contrahiren.*) Das war ganz die Lage der altrömischen Plebs gegenüber den Patriciern. Und werden dabei die gallischen Darleiher geringere Zinsen verlangt haben wie jene?

Ein anderer Grund war die »magnitudo tributorum«. Es ist anzunehmen, dass die Bürger der Patronalstaaten im Frieden wenig oder gar keine Steuer zahlten, und nur im Kriegsfalle das Tributum, eine Kriegssteuer. Die Clientelvölker hingegen waren in einer weit schlimmeren Lage; sie hatten, als sie sich in Clientel begaben, ihre Feldmark als Zinsland zurück empfangen und wurden eigentliche Zinsvölker (»vectigales«). Diese hatten alljährlich Zins zu zahlen und überdiess die Kriegspflicht. Wie viel mehr müssen sie gelitten haben, besonders durch das System der Steuerpächter! Werden diese nicht wie ihre beneidenswerthen römischen Musterbilder ebenfalls viel grössere Summen zu exequiren gewusst haben?

Als fernere Gründe werden angegeben: »injuria potentiorum«, d. i. Unrecht der Mächtigeren. Die Arten dieses Unrechts und der Bedrückungen sind nicht aufgeführt; sie mögen wohl mannigfaltig gewesen sein. Da wo kein gemeines Recht galt und der Factionsgeist herrschte, konnte der unabhängig gesinnte Mann keinen Schutz finden, wenn er ihn nicht in der Clientel suchen wollte! Stellen wir uns die Zeiten vor,

---

*) Die gallischen »nobiles« waren wie die altrömischen Patricier die Capitalisten, die aus dem Erlös ihrer zahlreichen Heerden, aus den Domänenpachtungen, dem Grosshandel und durch öffentliche Aemter das Geld an sich gebracht hatten. War das irländ. Wort taile, kymr. tal = Grundsteuer schon damals bei den Galliern »für Steuern überhaupt« im Gebrauch, so zahlten sie auch vermuthlich keine Capitalsteuer.

wo der kleine Ackerer aus Sorgen für die Bedürfnisse des Lebens sich der täglichen Waffenübung entschlagen musste, da blieben nur noch die Grundherren übrig, denen ihre Verhältnisse es erlaubten mit ihren Solduriern ein rittermässiges Leben zu führen, sich in Waffen zu üben und grosse Jagden mit der gekuppelten Meute anzustellen. Werden bei diesen Hetzen die Saaten der kleinen Bauern verschont (»itinerum licentia« bell. civil. I. 51), werden bei den häufigen Fehden ihre Hütten unversehrt geblieben sein?

In Anbetracht aller dieser muthmasslichen Bedrückungen, besonders der lästigen Tributpflicht, wie sehnlichst werden die Unvermögenden gewünscht haben der Lasten ledig zu werden. Ihnen gegenüber hatten es die Knechte der südgallischen Grundherren gut, die hatten für jeden Tag ihre Arbeit, aber auch ihr Essen; ebenso die ausmärkischen Schutzleute der Städte. Diese alle besassen keinen eigenen Acker, waren daher auch zu keiner Wehr verbunden. Braucht es da zu wundern, dass der arme Mann, welcher seine Steuern nicht zahlen konnte und schon tief in Schulden stack, seinen Acker an seinen mächtigen Gläubiger abtrat, der für ihn die Wehrpflicht und die Steuern übernahm? Der Verkauf des Eigenguts der Familie war vielleicht aus formellen Gründen nicht möglich und wenn auch, bei dem Geldmangel der Mittelleute, welchen Verkaufsschilling hätte man erlöst? Dass die Hypothek damals den Galliern schon bekannt war, lässt sich nicht annehmen; nur das Faustpfand war im Gebrauch. Nach Analogie späterer deutscher Verhältnisse behielten diejenigen, welche die Eigengewer an ihrem Acker hingaben, die Vererbung des Guts zurück und als Markinsassen die, wenngleich eingeschrumpften Marknutzungsrechte; aber sie hatten mit der Eigengewere am Acker zugleich ihre politischen und Privatrechte aufgegeben. Sie traten somit aus der Dorfgemeinde oder Bezirksgenossenschaft aus und der Grundherr wurde zunächst ihr Richter und Patron. Der rechtskundige Römer konnte sie daher nicht mit den »coloni« vergleichen (die bestimmte Leistungen an Geld oder Naturalien zu machen hatten, aber als Freie sich des vollen Privatrechts erfreuten), sie waren weniger als diese — sie waren eigene Leute. In einer Beziehung nur erinnerten sie noch an die Zeit der Freiheit, wenn sie bei grosser Kriegsgefahr als Landsturm von ihren Herren leicht bewaffnet wurden (VII. 4).

Unterdessen darf man nicht vergessen, dass noch ein grosser Theil des Volkes nicht in einer solchen Leibeigenschaft war — Caesar sagt zwar »plerique« — sondern sein freies Eigen bewahrte, auf die Ausübung seiner politischen Rechte aber verzichtet hatte oder deren entkleidet worden war. Jeder von ihnen stand jedoch in politischer Clientel, sei es aus Neigung zu der Partei, oder aus Vortheil. Die Faktionsgenossen hatten keinen Rechts- sondern nur einen Machtschutz. War ihre Partei in der Wahl unterlegen, so mussten sie die Hand der Sieger fühlen; erklärte sie die Fehde, oder kam es gar zum Bürgerkrieg (VII. 32) und unterlagen sie, so wurden die Häupter sammt ihren Anhängern ausgetrieben (VII. 4), geächtet und ihre Güter confiscirt (V. 56); ja sogar, wenn die Sache auch den Priestern zuwider war, mit dem schrecklichen Kirchenbann belegt.

Schauen wir schliesslich noch einmal zurück auf die Stadt, wovon wir den Einfluss auf die Gallier ausgehen liessen, so finden wir, dass die Gallier an einem ähnlichen Zustand wie jene angelangt waren, und dass die politische Knechtschaft des Volkes da wie dort auf gleicher Linie stand. Cicero sagt von den Massiliensern in jener bekannten Stelle (de re publ. I. 27): »Ac modo si Massilienses nostri clientes per delectos et principes cives summa justitia reguntur, inest tamen in ea conditione populi similitudo quaedam servitutis.« Caesar schreibt, wie wir wissen, von den Galliern: »plebes paene servorum habetur loco« etc.

Die gallischen Völker gingen wie die deutschen von der Gleichheit und Gleichberechtigung der Stammesbrüder aus; aber als sie sich auf einem bestimmten Gebiete entwickeln mussten, entkleideten die einen die anderen ihrer bürgerlichen Rechte. Sie kamen in dieser Zersetzung an einer unverbesserlichen Ungleichheit und unlöslichen Knechtschaft an. Nachdem die nationale Selbstständigkeit verloren, Gallien römische Provinz, der Adel, die Ritter wie die Städte romanisirt worden waren, blieb noch, neben den neuen Institutionen, das Joch der Privatclientel und der Leibeigenschaft auf dem gallischredenden Landvolk liegen, während die römischen Imperatoren gegen die politische und sociale Clientel Interdicte erliessen. Der Geist der Knechtung wirkte fort und wir lesen von solchen Freien in dem volksarmen Gallien, »qui se in alterius potestate commendant«; sie wurden jene »adscripticii« u. dgl. »qui servorum conditionem imitantur«, d. i. sie kamen in eine den Sclaven ähnliche Lage (fragm. cod. Hermog. Interpr.). Sidonius Apollinaris bezeugt noch, dass zu seiner Zeit (im V. Jahrhdt. n. Chr.) freie Menschen als Sclaven bei einem Patron sich einstellten (Epist. IV. 18. 24; V. 19). Bei Salvian (de Gub. Dei V. 8. 9) werden auch die Gründe angeführt, warum Colonen nach römischem Recht ihr Besitzthum verlassen und Leibeigene werden: »cum domicilia atque agellos suos aut pervasionibus perdunt, aut fugati ab exactoribus deserunt, fundos Majorum expetunt et Coloni (sc. perpetui) divitum fiunt«.

Diese Stellen — um nicht mehr anzugeben — beweisen hinreichend den Fortbestand der gallischen Leibeigenschaft auch unter den Römern. Es gibt hingegen Schriftsteller, welche annehmen, die Leibeigenschaft sei erst durch die Römer mit dem Colonat nach Gallien gekommen, oder sogar, die Deutschen hätten sie in's Land gebracht, als wenn sie nicht vorher schon gerade da geblüht hätte! Lafferrière (Histoire du droit français II. 440) selbst glaubt: „Les Ambacti, si souvent mentionés par Jules César, avaient la condition d'hommes libres, clients des grands propriétaires. Cette classe était propre à recevoir, comme celle des clients romains, la condition du colonat; et la transformation des Ambacti et autres clients en colons perpétuels dut s'opérer et se généraliser dans les campagnes de la Gaule, tant par l'action des moeurs romaines que par l'effet plus tardif des Lois de Constantin, favorables à cette condition«. Und weiter behauptet er p. 442: »La Recommandation, qui occupera une si grande place au temps des fiefs, existait déjà dans la Gaule, dès les IVe et Ve siècles.« Als ob das »sese dicare« bei Caesar nicht dasselbige wäre wie die mlat. Formel: »se commendare«? Und diese Formel war da, wie er selbst zugibt, ehe das Beneficialwesen durch die Kirche (Siehe Roth, Beneficialwesen) aufgekommen war. Die Benennungen Caesar's wie »equites«, u. a. lesen wir später in dieser Bedeutung nicht mehr; sehen wir uns aber in den neukeltischen Sprachen um, so bewahren diese mit den Namen die Begriffe: daoir - ghiolla, daorbohodach, daorair u. a. (Leo. Malberg. Glosse I. 22) bedeuten ein »leibeigener Mann«; daoirfhine = ein geknechtetes Volk. Daoir kommt von der Wurzel dao = dienen und ist mit dem Deutschen urgemein. Die verschlimmerte Wortbedeutung bezeugt, wie der dienende Mann ein Leibeigner geworden ist. Der Gegensatz davon ist saoidh = ein freier, edeler Mann, ebenso wie saor (Leo, ebendaselbst). Wer sieht nicht in diesem Wort das gallo - fränkische sieur, latinisirt »senior« = seigneur und in jenen der Bedeutung nach die »servi vel mancipia«?

In seinem Wesen gleicht der beschriebene Zustand des gallischen Volkes dem des germanischen Mittelalters und ist desshalb bis auf den heutigen Tag mit demselben confundirt worden. So Améd. Thierry, Histoire des Gaulois I. p. 474 und andere Geschichtschreiber. Wohl ist der gallische sociale Zustand und sein Princip der Knechtung des Volkes durch Ritter und Pfaffen das Prototyp für jene spätere Zeit geworden; aber die Beherrschungsformen sind sehr verschieden. Es gab in der aristokratischen Verfassung der Gallier vor Caesar noch kein Beneficial- und Feudalwesen wie im späteren monarchischen Mittelalter.

Die Druiden.

Den anderen privilegirten Stand bilden die »Druides« *) Caes. b. g. VI. 13).

---

*) In Bezug auf die Herleitung des Wortes wurde die Stelle des Plinius Secundus (Hist. nat XVI. 44) herbeigezogen, welche folgendermassen lautet: »Non est omittenda in ea re et Galliarum admiratio. Nihil habent Druidae (ita suos appellant Magos) visco et arbore in qua gignatur (si modo sit robur) sacratius. Jam per se roborum eligunt lucos nec ulla sacra sine ea fronde conficiunt, ut inde appellati quoque interpretatione Graeca possint Druidae videri.« D. h.: »Man darf auch dabei die Verehrung der Gallier nicht übergehen. Die Druiden — so heissen ihre Magier — halten nichts für heiliger, als die Mistel und den Baum, auf welchem sie wächst, vorausgesetzt, dass es die Steineiche ist. Sie wählen schon an und für sich Eichenhaine und bringen kein Opfer ohne dieses Laub (den Eichenkranz), so dass sie davon auch nach griechischer Auslegung des Wortes Druiden benannt scheinen könnten.« Plinius dachte also mit griechischen Etymologen an „δρῦς, δρυός" der Baum, die Eiche; aber er spricht hier nur eine Vermuthung und keine Gewissheit aus. Die Ableitung schien glaublich, weil die heiligen Stätten der Kelten gewöhnlich in Eichenhainen lagen und der Eichbaum ihnen heilig war. Er war es aber aus ganz natürlichen Gründen, nämlich, weil er dem rohen Naturvolk zuerst das Brod in seiner Frucht, den Eicheln, darbot, was die Etymologien der betreffenden Wörter in den neukeltischen Sprachen deutlich beweisen (Siehe Pictet I. pag. 213 u. f.). Die späteren gräcisirenden Schriftsteller, wie Ammianus Marcellinus (XV. 9) schreiben schon Drysidae, gleich als wenn es ein griechisches Patronymicum von „Δρῦς" wäre und nennen demgemäss eine wahrsagende Frau »mulier Druis« (Flav. Vopisc. Numerianus c. 13 u. 14); der Form bei Aurel. Victor (Caes. 4) »Drysullae« mit lat. Deminutivendung gar nicht zu gedenken. Während indessen die gallische patronymische Endung bekanntlich »cnos« ist. Wenn aber schon bei Diodorus Siculus (V. 3) „Σαρονίδαι" oder „Ζαρονίδαι" vorkommt, so glauben geschickte Leser in „Σαρωνίδαι" emendiren zu müssen, von „σαρωνίς" die alte, hohle Eiche, und erkennen darin ein griechisches Synonym des gallischen Appellativums Druides. Die Stelle lautet dann: „φιλόσοφοι δέ τινες εἰσὶ καὶ θεολόγοι περιττῶς τιμώμενοι, οὓς Σαρωνίδας ὀνομάζουσιν, κ. τ. λ. D. h.: »Es gibt aber auch Philosophen und Theologen, die über die Maassen geachtet werden und die sie (die Gallier) Saroniden (d. i. Nachkommen des Saronis) nennen oder, wenn „σαρωνίδας", alte, faule Eichen heissen.« Wir stellen also viel besser, wie schon Ph. Clüver (Germ. antiq. I. 24) gethan hat, wenn auch gewaltsam, „Δρυίδας" wieder her. Es lässt sich also aus der Verwechslung gallischer mit griechischen Formen kein Beweis für den Zusammenhang des Wortes Druida mit Eiche finden.

Nach allgemeiner Ansicht ist das gallische Appellativum ein Compositum und das Primitiv »dru« findet sich in vielen überlieferten keltischen Namen und es wird in der Regel mit dem „Δρυ-νέμετος" (Strab. XII. p. 820) der asiatischen Galater verglichen. Man erlangte nun auf dem Wege der vergleichenden Sprachforschung die Bedeutung der Eiche wieder. (Siehe Pictet, Les Orig. indo-europ. I. p. 191—193 und 214; L. Diefenbach, Orig. S. 316

Strabo nennt (IV. 4. pag. 197) noch zwei andere Berufsarten

---

u. f.). Im Sanskrit heisst dru, druma, druta Baum; zend. dru; griech. δρῦς, δρυός = Baum und Eiche insbesondere; goth. triu, gen. trivis = Baum, Holz, Stamm; scand. trê; angels. treôw, engl. tree. Darnach, schliesst man, wäre dru Baum und id oder ida verglichen mit dem Wälschen yd = Sein, Wesen, zusammen also Baumwesen. Somit hätten wir die Dryaden wieder. Nun sind aber die Druiden keine Baumgeister oder Baumfeen und wir müssen desshalb diese Deutung verwerfen. In den neukeltischen Sprachen finden wir zwar: irländ. daire, daoire = Wald, Schlag und dair, duir, darach, kymr. dar, derw, derwen, bret. derv, dero = Eiche. Diejenigen, die Druides als Eichenwesen erklären, sehen nun in der wälschen Form Derwyddon ihre Eichenmänner wieder. Es ist aber ein Unterschied zwischen dru und dem neukeltischen Thema dar, derw, dair u. s. w. Der Vokal a oder e ist nicht zwischen dr eingeschoben, sondern stammhaft, zudem ist r nach B- T- und K-Lauten sehr conservativ. Pictet a. a. O. vergleicht daher die neukeltischen Wörter mit einer andern Sanskritform dâru, was Holz und speziell eine Art Fichte (Pinus Diodara) bezeichnet. Dazu beweist auch noch die Richtigkeit unserer Ansicht die Schreibweise des Mittelalters. Zeuss las nämlich in den alten Glossen nie anders als druith (Gr. C. 754, 1056), gadh. druid, pl. druad (p. 256), dann droidh, draoi und draoth; aber nicht deruith oder deruid u. dgl. Das Wort derwydd ist demnach eine reflectirte Neubildung um den Sinn Eichenmänner wiederzugeben, oder es ist nichts anderes als das moderne dar-gwydd, welches, wie wir sehen werden, Edward Davies richtig erklärt hat. Die Erklärung des gallischen Wortes Druides als Eichenmänner ist also vollständig zu verwerfen.

Es ist dagegen wahrscheinlicher, dass, da die Priester beinahe bei allen Völkern des Alterthums ihre Namen von den Opferhandlungen oder vom Gebet haben, auch die keltischen den ihrigen davon erhalten haben mögen. Die heidnischen Britten im Mittelalter nannten nach Ed. Davies (Celtic Researches on the Origin etc. of the Ancient Britons pag. 139) einen Priester oder Lehrer Gwydd, welches Wort noch der Barde Taliesin braucht. Sehen wir uns nach der wörtlichen Bedeutung desselben um, so finden wir bei Zeuss (Gr. C. 432 u. 257 altir. guidhim = ich bitte, guide = Bitte. Die Wurzel davon ist gád = gand, neuirl. gadh und guidhe = Gebet; gäl. (O'Reilly, Dict.) guidh, ich bitte, flehe an, sanskr. gandh = rogare. Gwydd bedeutet demnach Beter, Anrufer. Nun bleibt noch das Primitiv dru übrig, das sich unter anderen noch in dem Namen des Versammlungsortes der Druiden, in Drocum oder Druocum, heute Dreux, erhalten hat, ebenso in dem Berg Dru in Auxois (Dict. de Trévoux). Wir finden noch in jedem französischen Wörterbuch dru, fem. drue adj. in den Bedeutungen: 1. flügge bei Vögeln; 2. dicht. Im Altfranzösischen jedoch kommt die allgemeine Bedeutung: stark, kräftig, mächtig vor (Dict. de Trévoux); wälsch drud. Bei W. Owen (Welsh Dictionary) lesen wir für drud (rhud) = rapid, dear, costly, bold, daring. Im Lithauischen ist druta auch fest, stark, dessen Wurzel sich nach Bopp (Vergl. Gr. III. S. 180. 2. Aufl.) in sanskr. d'ru = fixum esse findet, und wovon d'ruva = certus, alth. triu, treu. Ebenso gehört dazu das Thema dru = currere, fluere (Druentia demnach richtig die Reissende). Nach dieser Deduction wäre Drugwyddon (oder wie sonst die Pluralendung lautete) latinisirt Druides so viel wie fortiter sive efficaciter precantes, d. i. mächtige Beter, Anrufer und mit dem Dativ wohl auch Anwünscher.

Nachdem einmal die Macht der Druiden durch die Römer gebrochen war, war es auch mit jenem grossen Ansehen derselben vorbei und sie wurden dann nicht mehr Dru-gwyddon, sondern nur Gwyddon genannt, welche Form

(„φῦλα") *), »die bei allen Galliern gemeiniglich in Achtung stehen«; es sind dies ausser den Druiden die „Ούάτεις" und die „Βάρδοι." »Die ουάτεις," sagt er, »sind Opferer und Physiologen; die Barden Hymnensänger und Dichter.« Diodor. Sicul. (V. 31) und Ammian. Marcellin. (XV. 9) machen auch diese Dreitheilung, nur nennt der erste „μάντεις" statt ουάτεις und bezeichnet sie als Vogel- und Opferschauer; der letzte setzt dafür »euhages« **) und beschreibt sie als Physiologen

---

sich in Wales in der Bedeutung als Priester erhielt. Unter den romanisirten Kelten wurde die lateinische Form gangbar, da sie die Schriftsteller jener Zeit gebrauchten. Durch die Einführung des Christenthums erschien den Gläubigen die heidnische Religion als teuflische Zauberei und so bekam druid die Bedeutung eines Zauberers und Hexenmeisters. In den neukeltischen Sprachen gebrauchte man continuirlich im Mittelalter die lat. Form druida und zwar zuerst indeclinabel, dann eigens flectirt, was schon das Fremdwort andeuten konnte, so gadh. druid, pl. druad (Zeuss, Gr. C. 265), dann draoidh, draoi, draoth, gen. draoith, pl—ean u. a. F.

Das kymr. Wort derwydd, pl. derwyddon ist erst später durch die Gründer des Bardenordens im IX. Jahrh. gebildet worden und diese unterschieden nach Davies (Celt. Res. p. 139) zwischen einem Ober- und Unterpriester, oder einem oberen und unteren Weisen. »Der Hohepriester,« wie Davies sagt, »hiess nun Der-wydd, was im Brittischen aus dar Oberer und Gwydd Priester, Weiser zusammengesetzt ist. Der Unterpriester hiess Go-wydd oder O-wydd, ein niederer Weiser, manchmal auch Syw oder Sy-wydd, welchen Namen noch Taliesin und Aneurin trugen.« Manche liessen sich nun verleiten in diesen Titeln des mittelalterlichen Bardenordens in Wales eine Wiederherstellung des altkeltischen Barden- und Druidenthums zu erblicken und nahmen Derwydd für Druid und Owydd für ούάτεις, vates, ohne zu bedenken, dass sie neuere Namen vor sich haben und die Druiden zu Barden machen. —

*) Ich nehme „φῦλα" im weiteren Sinne, als Uebersetzung von »genera«.

**) Ammian, der selbst mit dem Kaiser Julian (355 n. Chr.) in Gallien war, hat sehr wahrscheinlich das Wort von den Galliern gehört. Jedoch hat auch dieser Name zuerst eine griechische Deutung erfahren. Einige Lexicographen wie Suidas und Hesychius schreiben ευάγες (εις) von ευάγης, ες adj. rein, unschuldig: also die Unschuldigen, Reinen. Die Freunde der Eichenmänner haben auch in diesem Wort den Eichennamen wiedergefunden. In einem alten Provinzialdialekt in Frankreich heisst »Euves« die Steineiche (Vergl. Dufresne s. h. n.), woher französisch yeuse (K. Barth, Druiden d. Kelten S. 20). Incorrecte Schreibweisen können zu allerlei Deutungen Anlass geben; ist aber eine Realdefinition aufgeführt, so ist in der Regel bei weniger entwickelten Sprachen der Wortsinn nicht weit davon entfernt. Nun schreibt Strabo (l. c.): „Ούάτεις δὲ ἱεροποιοὶ καὶ φυσιολόγοι"; also sind die vates Opferer und Physiologen im antiken Sinn. Diodor (l. c.) beschreibt die Functionen seiner „μάντεις", die wir mit den ουάτεις identificirten, als Vogelschauer und besonders als Opferer. Es ist zwar ungewiss, ob das gallische Wort in die neukeltischen Sprachen übergegangen ist; denn mit dem Christenthum kam das lat. W. offerre mit allen möglichen celtisirten Formen in dieselben. Sehen wir uns aber weiter um, so finden wir bei Zeuss (Gr. C. 7, 840) altir. edbart, idpart = oblatio, adbartigim = offerre, idparat = immolant (p. 3, 50) und kommt von biur = fero (mod. beirim) mit dem Präfix ad, id = aid, aith, âth. Pictet (II, p. 706) vergleicht damit die Sanskritwurzel bhar.

oder Naturforscher. Dass die οὐάτεις Strabons nichts anderes sind, als eine griechische Schreibweise des lateinischen Wortes vates, wofür Diodor richtiger μάντεις setzt, wird ziemlich allgemein angenommen. Dagegen will der Name »euhages« oder »eubages« ein keltisches Appellativum ausdrücken.

Caesar nennt keine vates und euhages, sondern kennt nur die Druiden als einen politisch bedeutenden Stand. Nun frägt es sich, ob diese beiden anderen Gattungen auch Druiden waren, um an den Privilegien dieses Standes Theil nehmen zu können? Dass die οὐάτεις dazu gehörten, lässt sich aus der Stelle Strabons beweisen, wo er dieselben anfangs speziell ἱεροποιοί nennt und dann etwas weiter im Text (c. 5. p. 198) bemerkt: „ἔϑυον δὲ οὐκ ἄνευ Δρυϊδῶν", sie opferten nicht ohne die Druiden. Daraus geht also hervor, dass auch Strabo seine οὐάτεις unter dem generellen Namen Druiden begreift.

Im Neuirländischen heisst Opfer iodhbhairt, iobhairt, adhbhairt, iodhbhair teach Opferer; gäl. iodbradh Opfer; wälsch aberth, aberthu, abertwr etc Lautete nun das gallische Wort für Opferer zwischen kymr. abertwr und irl iodhbhairteach, so war es für griechische oder römische Ohren nicht leicht nur annäherungsweise richtig zu schreiben und wir können zufrieden sein, in dem Namen »euhages« Anklänge zu finden.

Hatten die Priester diesen Namen von einer anderen Function (angenommen, dass sie mehrere hatten), z. B. von der Rechtsprechung als Richter, so könnte man im Wälschen ein ähnlicher klingendes Wort in euogôad (euawg), d. i. einer der schuldig macht oder verurtheilt, herbeiziehen; aber auch mit passiver Bedeutung, einer der schuldig wird, von euogan = schuldig sprechen, verurtheilen, was mit ahd. êwa, Gesetz das Thema gemein hat. Darnach könnte man die Euhages für Urtheiler und Verurtheiler, d. i. Richter erklären. Für Richter kennen wir jedoch ein gebräuchliches Wort »breth« in Vergobret. Ammian, der das Wort gebraucht, beschreibt sie nicht als solche, sondern als Physiologen und Strabo (l. c.) theilt nur den Druiden und nicht den οὐάτεις die Rechtsprechung zu. Es bleibt also unentschieden, ob das gall. Appellativum Euhages oder Eubages Opferer oder Urtheiler bezeichnen will.

Die dritte Vermuthung ist die: die Priester könnten wohl auch einen Namen von der Zeichendeuterei und Wahrsagerei haben, die sie so sehr übten. Einige wollen daher in dem irl. Wort fáith, das Zeuss (p. 57) als altirländisch anführt, aber ohne zu sagen, wo es schon vorkommt, ein stammverwandtes Wort mit dem lat. vates erblicken und Zeuss vergleicht es auch mit οὐάτεις. Nun frägt es sich, ob das Wort einheimisch oder ein Lehnwort ist. Diefenbach (S. 320) scheint sich für das Letztere entscheiden zu wollen. Im Irländischen findet sich wohl faigh, Prophet, aber kein Verbum davon (O'Reilly) und man wird gewiss nicht faigh, betteln dafür ansehen? Gälisch heisst Prophet fàidh und faidhe; aber die anderen ähnlich lautenden Wörter sind Derivativa von faidh, gheibh, fhuair, verb. irreg. = finden, erlangen und von faighe, faighde = öffentlich betteln. Im Wälschen dagegen kommt das Wort gar nicht vor (Owen); wohl aber eine moderne Form prophwyd. Mein Schluss geht also dahin, dass irl. faigh und gäl. fàidh Abkürzungen oder Verstümmelungen des Fremdwortes propheta sind.

Anders verhält es sich mit den Barden. Dieser Name bedeutet nach allen Quellenaussagen nichts anderes als »Sangesdichter« und als solche standen sie in Achtung, ohne Priester zu sein; denn die alten Gallier waren ein sangeslustiges Volk. Diess schliesst aber nicht aus, dass auch unter den Priestern Sänger waren (»$\dot{v}\mu\nu\eta\tau\alpha i$«), welche die Hymnen auf die Götter sangen und somit auch Barden genannt wurden. Als weltliche Sänger hatten sie keine politische Privilegien, sondern erfreuten sich nur der Gunst der Grossen in privatrechtlicher oder politischer Clientel. (Siehe Note *).

Organisation der Druiden.

Caesar nennt keine Unterabtheilungen der gallischen Priester. Die verschiedenen Benennungen bei anderen Schriftstellern mit Unterscheidung ihrer Functionen (wie bei Strabo und Ammian) beweisen aber, dass die Gallier eigene Namen für ihre Priester nach gewissen Haupt-

---

*) Die Annahme, dass die Barden eine Unterabtheilung der Druiden gewesen seien, liegt durchaus nicht in der Dreitheilung Strabons noch Ammian's; denn dort werden sie nur unter den »sehr geachteten Berufsarten« aufgeführt. Da sie ferner nicht als solche dem Druidenstand angehörten, fällt auch ihre angenommene ordensmässige Verbindung weg, obgleich wahrscheinlich ist, dass berühmte Barden Schulen hatten, wo liederbegierige Schüler sich einfanden und dass sie sich eine Auszeichnung in der Kleidung erlaubt haben. Es ist jedoch zu bemerken, dass das gallische Bardenthum nichts mit der Verfassung des wälschen Bardenordens im Mittelalter gemein hat. Die altgallischen Barden gleichen vielmehr den scandinavischen Skalden. Sie priesen im Lied die Grossthaten der Helden und schmähten die Feigen und Schlechten (Diod. l. c.). Die alten Schriftsteller erzählen, dass Barden die Grossen in's Feld und auf Reisen begleiteten, um bei Gastmälern und öffentlichen Gelegenheiten den Ruhm ihres Namens und ihres Geschlechts durch Gesang zu verherrlichen (Appian. de reb. Gall. XII. u. A.). Daraus geht hervor, dass sie als Hofpoeten die Stammtafeln ihrer Herren kennen mussten und somit auch ihre Genealogen waren, wie die »Scanachaidhean« der schottischen Lards. Da sie im Gefolge der Herren erscheinen, werden sie auch von einigen als Ambacten in der angeblichen Bedeutung als Gefolgeleute aufgefasst und schon die Griechen nennen sie „$\pi\alpha\rho\dot{\alpha}\sigma\iota\tau o\iota$" (Athen. VI. 49), weil sie, wie die Soldurii, an der Tafel ihrer Herren sassen. Ihren Gesang begleiteten sie auf einem, der Lyra ähnlichen Instrumente („$\mu\epsilon\tau'$ $\dot{o}\rho\gamma\dot{\alpha}\nu\omega\nu$ $\tau\alpha\tilde{\iota}\varsigma$ $\lambda\dot{v}\rho\alpha\iota\varsigma$ $\dot{o}\mu o\dot{\iota}\omega\nu$" Diod. l. c.; so auch Amm. Marc. l. c.). Unter den brittischen Barden kam später die »Chrotta Britanna« auf (Venant. Fortunat. VII. 8), woraus die »Guitare« hervorgegangen ist. Chrotta ist kymr. crwth, korn. engl. crowd, gadh. cruit; crythor, korn. crowder, gadh. cruiteir = Fiedler. Den Namen crwth hat sie von ihrem gewölbten Bauche, daher auch Büchse, Schachtel (L. Diefenbach, S. 304).

thätigkeiten derselben hatten. Als solche Hauptthätigkeiten erscheinen das Opfer und die Mantik, das Richteramt u. dgl. Es kann zwar auch die Unterscheidung in ihrer Organisation gelegen haben. Strabo bezeichnet seine οὐάτεις insbesondere als Opferer und Physiologen. Die gallischen Priester im gewöhnlichen Sinne waren alle Opferer; »denn kein Gallier opferte ohne Priester.« Dieser konnte allein das richtige und den Göttern wohlgefällige Opfer bringen, die Zeichen deuten und daraus weissagen; er musste somit überall sein. Aber er verstand auch, wie wir aus VI. 18 schliessen dürfen, die Orts- und Gaufeste anzusetzen. Dazu musste er den Lauf der Sonne und des Mondes zu berechnen wissen und die Gestirne beobachten, um das Jahr einzutheilen. Demnach war das Calenderwesen, wie bei den Römern, Sache der Priester. Ueberdies hatte er auch die Heilmittel zu weihen, damit si wirksam wären, was eine Kenntniss der Kräuter u. dgl. voraussetzt. Waren die gallischen Priester somit nicht Physiologen im antiken Sinne? Ja. Also waren die οὐάτεις oder Euhages die gewöhnlichen Priester. Diese Euhagen (oder wie sie sonst hiessen) sassen mit ihren Familien in allen Dörfern und Städten des Landes und verrichteten an den heiligen Orten die priesterlichen Handlungen. Unter diesen geweihten Stätten (»loca consecrata« VI. 17) gab es wieder Stammes- und Landesheiligthümer, (z. B. „Δρυ-νέμετος, ver-nemetis"). Den Beweis liefern heute noch die Ueberbleibsel der Steinringe, worunter ungleich grosse vorkommen, wie (um nur einige zu nennen) zu Carnac bei Quiberon in der Bretagne und das Stonehenge bei Salisbury, Wilts. in England. (Mone, Nord. Heidenth. II. S. 439, 360 u. f.). In solchen Landesheiligthümern wurden wohl beim Jahreswechsel die Stammesopfer abgehalten, besonders zur Zeit der Regierungswahlen, wo sich alle Priester und Ritter desselben Staats versammelten. Hier, wo die den Göttern geweihte Kriegsbeute aufgeschichtet war (VI. 17) und Weihestücke jeder Art aufbewahrt wurden, befanden sich gewiss viele Priester und dieses waren nach unserer Ansicht die Druiden. Bei berühmten Heiligthümern hatten sie ihre Schulen, wo die religiösen Gebräuche erklärt (»religiones interpretantur«) und die Moralphilosophie gelehrt wurde, und wohin immer »eine grosse Menge der Jugend der Lehre wegen strömte.« Da »disputirten sie viel über die Gestirne und ihren Lauf, über die Grösse der Erde und des Weltalls, über die Natur der Dinge, Gewalt und Macht der unsterblichen Götter, und überlieferten es den Schülern« (VI. 13 u. 14). Die Druiden im engeren Sinne waren also nach unserer Auffassung die Gelehrten der Priester oder Lehrpriester. Das liegt auch in den Worten Strabons, wenn wir sie in ihrer vollen Bedeutung auffassen. Er schreibt dort: „Δρυΐδαι δὲ πρὸς τῇ φυσιολογίᾳ καὶ τὴν ἠϑικὴν φιλοσοφίαν ἀσκοῦσιν", *) d. h.: »die Druiden pflegen ausser der Physiologie noch die Moralphilosophie.« Dazu bedurfte man der gelehrtesten und beredtesten der Priester, die entweder durch förmliche Wahl ernannt wurden, oder schon durch anerkannte Tüchtigkeit dazu berufen waren, und welche dann in diesen Schulen zusammenlebten. Darnach wäre auch der Satz des Ammian erklärt: »Inter hos Druidae ingeniis celsiores, ut auctoritas Pythagorae decrevit (wie er glaubt!), sodalitiis adstricti consortiis, quaestionibus occultarum rerum altarumque erecti sunt.« Diese Ansicht wird noch dadurch bestätigt, dass wir später, nach Auflösung ihres Ordens, in verschiedenen Städten des Landes Druiden als Professoren der damaligen gelehrten Wissenschaften wieder finden, die da aller Wahrscheinlichkeit nach ihre frühere Beschäftigung fortsetzten.

Von einem Hauptheiligthum ging vermuthlich die Vereinigung der Druiden aus und mag durch das Principat eines Staates oder durch einen grossen politischen Bund mehrerer begünstigt worden sein. Sie stellte in der Zeit der Zersplitterung wenigstens die nationale Einheit des eigentlich gallischen Volksstammes dar. Diese Vereinigung wahrte die Einheit der Lehre und der Gebräuche und sicherte vor jeder Einführung neuer Götterculte; sie bewahrte den Gebräuchen die Alleinrichtigkeit und verbreitete dadurch den Nimbus der Erhabenheit bei Ermangelung sektirerischer Auslegungen. Die Ausdehnung dieser Druidenhierarchie, wie sie die französischen Schriftsteller meinen, reducirt sich auf Gallien im engeren Sinn (nach c. 1. b. g.) mit Einschluss der gallischen Belgen, aber keineswegs der germanischen. Dass die gallisch-ligurische Bevölkerung in Aquitanien und der römischen Provinz ähnliche religiöse Gebräuche hatte, erlaubt noch nicht die Ausdehnung des gallischen Instituts auch dahin. Die helvetischen und norischen Kelten standen in gar keiner Beziehung dazu. Ueberhaupt hatte kein keltisches Volk, ausser den Galliern, eine hierarchische Priesterverfassung. Es ist sogar unwahrscheinlich, dass sich bei der Versammlung zu Dreux, im Lande der Carnuter (dem Mittelpunkt Galliens?) auch Druiden aus Südbritannien eingefunden haben; das könnte nur zur Zeit der politischen Vereinigung unter dem König Divitiacus der Suessionen (II. 4) gewesen sein.

---

*) Ἀσκεῖν τι heisst nicht allein »etwas üben«, sondern, besonders bei Wissenschaften, auch »lehren«. Ich möchte das gerade in Bezug auf die Moralphilosophie so verstehen (wesshalb ich »pflegen« übersetzt habe), ohne zu bestreiten, dass die Druiden sie auch übten; denn sie galten ja für die »gerechtesten«.

Druidinen gab es in dieser Verfassung keine. Die später sogenannten »mulieres Druides« waren, wie bei den Deutschen, wahrsagende Frauen.

Die Druiden waren ein in sich fest geschlossener Stand, der sich äusserlich auch durch eine Ordenstracht unterschied. Durch Privilegien, Immunität und Exemtion, standen sie ausserhalb der bürgerlichen Gewalten und bildeten eine eigene Corporation. Ihr Amt war kein von der Landesversammlung (dem Staat) oder von der Gemeinde übertragenes, sondern sie übten es kraft eigenen Rechts. Ein erblicher Stand oder eine Kaste, wie die indischen Brahmanen, waren sie nicht, sondern ergänzten sich nach Art des katholischen Clerus aus dem ganzen Volk. In ihre Ordensschulen konnte jeder Freie eintreten, Söhne des gemeinen Mannes ebenso wie Sprösslinge der berühmtesten Geschlechter (Pomp. Mela III. 2); und sie wählten diesen Beruf, wie Caesar VI. 14 sagt, »der grossen Vortheile wegen, theils freiwillig, theils durch ihre Eltern und Verwandten dazu bestimmt.« Die Lehrzeit dauerte sehr lange; manche brachten dabei 20 Jahre zu (VI. 14). Der indische Brahmanenlehrling musste sogar 36 Jahre bei seinem Meister bleiben. Die Druidenlehrlinge hatten in den Schulen eine grosse Menge Verse auswendig zu lernen, die aber nicht niedergeschrieben werden durften (VI. 14). Wir wissen nicht, in welcher Form jene Verse abgefasst waren, aber dem Charakter der Sprache nach zu schliessen, werden sie alliterirend gewesen sein. *) Ihre Lehren trugen sie in einer mystischen, nur den Eingeweihten verständlichen Sprache vor (Diog. Laërt. prooem. V.; Clem. Alex. Stromat. IV. p. 556). Caesar (l. c.) beschreibt uns nur die Spitze des gallischen Kirchenthums folgendermassen: »An der Spitze aller Druiden aber steht Einer, welcher unter ihnen die höchste Autorität besitzt. Nach seinem Tod folgt ihm der, welcher sich vor den übrigen an Würdigkeit auszeichnet; sind aber mehrere gleich würdige da, so entscheidet die Wahl der Druiden, zuweilen entschieden auch die Waffen über den Vorrang.« Die einzelnen Priester waren also nicht frei und selbstständig, sondern mussten sich nach dem Willen des Oberdruiden richten. Das war die oberpriesterliche Absolutie.

---

*) Nach Ed. Davies (Mythology of the Druids, p. 3, 27, 75) sollen schon die gallischen Druiden ihre Lehre in Triaden oder Triplets vorgetragen haben, d. h. sie hätten schon in jedem Satz 3 Dinge zusammengestellt und hervorgehoben, eine Form, in denen die Ueberlieferungen der Barden von Wales im Mittelalter abgefasst sind. (Siehe Welsh Archaeology). Es lässt sich jedoch beim Mangel an alten Denkmälern nichts darüber bestimmen; aber keinenfalls kommen bei Caesar Triaden vor, wie Mone (Nord. Heidenth. II. S. 409 u. f.) meint.

Die gallische Druidenverfassung erregte schon früh die Aufmerksamkeit der christlichen Kirchenhirten, und sie erkannten bald ihre volle Bedeutung. Sie war das kleine Vorbild jenes grossartigen Nachbildes, der katholischen Hierarchie des Mittelalters. Die pseudoisidorische Pabstidee, wie die Bestrebungen der Cluniacenser, sind Nachwirkungen dieses altgallischen Volksgeistes.

Ursprung der Druidenreligion.

Auf die Frage über den Ursprung der Druidenreligion gibt uns Caesar die Antwort: »Disciplina in Britannia reperta atque inde in Galliam translata esse existimatur: et nunc, qui diligentius eam rem cognoscere volunt, plerumque illo discendi causa proficiscuntur.« Auf deutsch: »Man glaubt, die Lehre sei in Britannien erfunden und von da nach Gallien gebracht worden; auch jetzt noch reisen diejenigen meistens dahin, welche die Sache mit mehr Fleiss erfassen wollen.« Man glaubte hier allgemein, dass Caesar aus dem Grunde des Nachsatzes auf die Behauptung des Vordersatzes gekommen sei. Seine Behauptung erscheint jedoch gerechtfertigt, wenn wir andere, ältere Berichte dazu halten. Schon die Phönizier kannten die heilige Insel Jerne, d. i. Irland (Fest. Avien. Or. marit. v. 95; Plin. h. n. II. 67). Artemidorus von Ephesus, der ungefähr 100 v. Chr. lebte, erzählt (bei Strab. IV. §. 6. p. 198) von der Verehrung der Demeter und Persephone auf einer Insel in der Nähe Britanniens, ganz in der Weise wie auf Samothrake. Ausserdem hatte Strabo (l. c.) noch selbst von den Weibern der Namniten auf einer kleinen Insel der Loiremündung gehört, welche dem Dienst des Bacchus ergeben waren. Diese Berichte beziehen sich auf fremde Götterculte auf jenen Inseln; denn die Bemerkung Strabons, dass jene beiden chthonischen Götter ebenso wie auf Samothrake verehrt würden, weist darauf hin, da dort die Phönizier die kabirischen Mysterien zu Ehren der Meeresgötter gestiftet hatten. Es lässt sich also bestimmt annehmen, dass diese Inseln schon lange her der Heerd ausländischer und besonders phönizischer Götterculte waren. Bestätigt wird dieses durch den Namen einer der vornehmsten Gottheiten der Iren, des Bel, der die Sonne und das Feuer bedeutet und also identisch ist mit Bel oder Bal. (Vergl. Th. Moore, History of Ireland ch. II.). Aus diesem Gott Bel ist der gallische Belenus geworden (Auson. profess. X. v. 17—21). Und es war derselbe, der in den Mysterien des Bacchusdienstes auf jener Loireinsel gefeiert wurde. (Siehe auch K. Barth, Druiden d. Kelten S. 69). Zur Zeit des ältesten Handelsverkehrs der Phönizier mit den Cassiteriden waren die brittischen Inseln und Irland, wie die Westküste von Frankreich, mit ligurischen Völkern bewohnt, die nachher durch die keltischen Gallier grösstentheils verdrängt wurden. Unter dieser ligurischen Bevölkerung verbreitete sich von den Canalinseln aus dieser phönizische Götterdienst, und die gallischen Eroberer scheinen die Götter der Besiegten (wie das so häufig geschah) unter die ihrigen aufgenommen zu haben. Wie viel Eigenartiges jedoch die Gallier mit sich gebracht hatten und wie viel Fremdes sie angenommen haben, lässt sich nicht bestimmen. Wir besitzen keine Notiz über eine solche Reception oder über gleichnamige Götter beider Völker, nur eine Bemerkung Strabons, dass die Liguren den Galliern in ihrer Lebensweise ähnlich wären („$\pi\alpha\rho\alpha\pi\lambda\eta\sigma\iota\omicron\iota$ $\delta\grave{\epsilon}$ $\tau\omicron\tilde{\iota}\varsigma$ $\beta\acute{\iota}\omicron\iota\varsigma$" II. p. 137). Es liesse sich davon nach dem Grundsatz der Analogie auch auf die Aehnlichkeit ihrer Götterculte schliessen. Eine Wahrscheinlichkeit, die bestätigt wird durch den Dichter Lucan, der jenen schauerlich heiligen Hain der Liguren in der Nähe Massalia's beschreibt (Pharsal. III. v. 399—425), welches allgemein als eine Schilderung einer gallischen Opferstätte angesehen wird; aber — wie dem auch sei — den Angaben über keltischen Götterdienst nicht unangemessen ist. Eine andere Thatsache ist entscheidender, das ist das Druidenheiligthum auf der Insel Mona (Anglesey), dessen Einnahme durch den römischen Befehlshaber Suetonius Paulinus (59 n. Chr.) Tacitus erzählt (Annal. XIV. 30). Anglesey aber und Wales waren von den dunklen Siluren bewohnt, die wir als Reste der Liguren erklärt haben. Zum Schutz des dortigen Heiligthums kämpften die Siluren und und die keltischen Britannen um die Wette, und selbst die Priester (»Druidae«) nahmen mit den Frauen am Kampfe Theil. Dort scheint der Hauptsitz der druidischen Geheimlehre, der Magie gewesen zu sein. »Frauen in Trauerkleidung und mit aufgelöstem Haare rannten wie Wahnsinnige durch die Schlachtreihen, Fackeln dahertragend. Die Druiden ringsum, mit gegen Himmel erhobenen Händen, stiessen schreckliche Verwünschungen (»preces diras fundentes«) gegen die frevlerischen Feinde aus,« so dass die römischen Soldaten anfangs erschracken; aber der Fluch und Bann der »mächtigen Verwünscher« verfehlte seine Wirkung bei den andersgläubigen Römern.

Die Priester auf Britannien scheinen noch mehr mit dem Volk verbunden geblieben zu sein, während die gallischen einen geschlossenen Stand bildeten. Wenn nun in Bezug auf die Geheimlehre der Magie die Sitze der ligurisch-keltischen Bevölkerung Britanniens berühmt waren, so erscheint doch das hierarchische Druidenthum eine rein gallische Institution; denn sie ist das Product einer aristokratischen Entwickelung und ihre Organisation stimmt zu den politischen Einrichtungen der Wahlaristokratien Galliens jener Zeit.

Anglesey hat noch lange seine Berühmtheit in der Wahrsagekunst und Magie behalten.. Solinus (c. 22. §. 9) schreibt: »Siluram quoque insulam ab ora, quam gens Britanna Dumnonii (vielmehr Ordovices) tenent, turbidum fretum distinguit: cuius homines . . . . Deos percolunt, scientiam futurorum pariter viri ac feminae ostentant.« Es blieb oder wurde im Mittelalter der Sitz des mächtigen Hu (»Hu gadarn«). Jenes brittisch-belgische Heiligthum bei Salisbury (brit. Cör Gawr = chorea gigantum), das vielleicht schon Hekataeus (Diod. Sicul. II. 47) kannte, scheint auch ursprünglich der ligurischen Bevölkerung in Cornwall angehört zu haben.

Die Functionen der Priester.

Ich unterlasse es hier auf die Gottheiten der Kelten und deren Deutungen einzugehen. Ueber das Wesen ihrer Religion sei nur Weniges gesagt. *)

Die Gallier glaubten, wie andere Völker, an das Walten unsterblicher Götter, an ihre Macht und Gewalt über die Geschicke der Men-

---

*) Die wälschen und meistentheils auch die französischen und englischen Schriftsteller legen bei dem Kapitel über die gallische Druidenreligion die Triaden der »Myvyrian Archaiology of Wales« zu Grund. Abgesehen davon, dass der jüngste Codex aus dem XIV. Jahrhundert ist, der älteste aber aus dem IX. sein soll, sind diese Triaden vollständig mit christlichen Ideen gemischt; nichtsdestoweniger geben jene solche für ächte Druidenreligion aus und läugnen darauf hin aus Nationaleitelkeit selbst, was die angesehensten Gewährsmänner und Augenzeugen des Alterthums berichten. Einige hochkirchliche Engländer, wie Dr. Parsons (Remains of Japheth), D. James (Patriarchical religion of Britain) und George Smith (Religion of ancient Britain) wollen sogar ihre Landsleute glauben machen, dass die alten Britannen denselben Glauben wie die biblischen Erzväter gehabt hätten. Dr. Parsons schreibt z. B. ch. IV.: »The true worship was brought to Britain and Ireland by the Gomerians and Magogians, as well as to the north-west quarters by the people of Togarmah, and remained pure for many ages in these places so remote from those scenes of action in those kingdoms already mentioned.« James fährt dann p. 38 in Bezug auf Dr. Parsons' Untersuchung fort: »it shews that the first or primitive religion of Britain and Ireland, as well as of every country in Europe was the pure worship of the True God.« Diese Bücher würden auf unseren Bibliotheken nicht zu finden sein, wenn sie diese Herren Autoren nicht selbst auf ihren Reisen in Deutschland wie religiöse Tractätchen in jeder Bibliothek niederlegten.

schen und an ein Fortleben der Seele nach dem Tode. Ihre Begriffe davon haben unzweifelhaft ihrer Bildung und ihrem Volkscharakter entsprochen; denn die religiösen Vorstellungen der Völker spiegeln ihr eigenes, inneres Leben, und es gab bei ihnen noch keinen geoffenbarten Glauben. Ihre Götter haben Vieles mit denen anderer Völker gemein. Sie forderten viele Gaben und waren in ihrem Verlangen unerbittlich und grausam wie die gallischen Grossen. Hatten sie den Untergang eines Menschen beschlossen, so liessen sie sich nicht durch Bitten zur Gnade bewegen, sondern konnten nur durch das Opfer eines Stellvertreters versöhnt werden. Es waren keine väterliche und liebevolle Götter der Nothleidenden und Armen, sondern die herrschsüchtigen und parteiischen der Aristokratie. Doch war in ihrer Religion, trotz ihrer Frömmigkeit, Theologie und Philosophie nicht geschieden; sie waren noch nicht so weit gekommen wie die katholischen Mönche des Mittelalters, die aus Trägheit und Orthodoxie die Forschung und die Naturwissenschaften verachteten. Den Galliern, wie allen Völkern des Nordens, war der Glaube an die Unsterblichkeit der Seele in's Herz gelegt und sie haben ihn auch treulich bewahrt. An eine Wanderung der abgeschiedenen Seelen durch Thierleiber, wie sie die Aegypter annahmen, oder wie sie die indischen Brahmanen lehrten, glaubten sie nicht. Die griechischen und römischen Berichterstatter aber dachten dabei an die bekannte Lehre des Pythagoras, z. B. Diodor (V. 28), Ammian (XV. 9), Silius Italicus (XIII. 558 u. 59), und selbst Caesar scheint ihre Lehre so verstanden zu haben. Er schreibt VI. 14: »In primis hoc volunt (Druides) persuadere, non interire animas, sed ab aliis post mortem transire ad alios.« Indessen möchte ich nicht bestreiten, dass die Druiden vielleicht der Ansicht waren, dass die Seele einen anderen Körper annehme. — Die Verse des Lucan (vers. 454—458) bestätigen ihren Unsterblichkeitsglauben; aber es wäre zu viel behauptet, wenn man aus einem unbestimmten poëtischen Ausdruck das christliche Dogma der Auferstehung des Leibes folgern wollte. Ihr Glaube daran war so stark, dass Angehörige, um nicht getrennt zu werden (»velut una victuri«), sich mitbegraben und mitverbrennen liessen und Clienten und Ambacten ihren Herren freiwillig in den Tod folgten (Pomp. Mela III. 2). Einige griechische und römische Schriftsteller bespötteln diesen Glauben, indem sie erzählen, die Gallier hätten sogar schon Abrechnungen und Rückzahlungen von Darlehen auf das Jenseits gestellt (Pomp. Mela l. c.) und in die brennenden Scheiterhaufen Briefe geworfen, welche die Verstorbenen an ihre Freunde bestellen sollten (Diod. Sic. V. 28). Wie albern diese Erfindungen auch sind, so bezeugen sie doch, dass die Gallier an keine Wanderung glaubten. Ihre Vorstellungen von dem anderen Leben entsprechen dem diesseitigen; es war nur eine Fortsetzung des alten. Keine Wiederherstellung der Gleichheit vor den Göttern: der Herr blieb Herr und der Knecht blieb Knecht. Man gab daher dem verstorbenen Herrn Alles auf den Scheiterhaufen mit, was ihm im Leben lieb und theuer war, seine Waffen, sein Streitross u. dergl.; ja, kurz vor Caesar's Zeit wurden noch — damit er der gewohnten Verehrung und Bedienung nicht entbehre — »bei einer richtigen Leichenverbrennung die Sclaven und Clienten, welche für seine Lieblinge galten, mitverbrannt« (VI. 19). Welche angestammte Vorurtheile, welche Dünkel müssen diese Classe befangen gehalten haben? Da war kein Gewissen mehr für die ursprüngliche Stammesgleichheit! Nur ein Gefühl der Herrschaft und der Abhängigkeit!

Das Opfer.

Die Gallier betrachteten das Opfer, wie die anderen Völker, als eine den Göttern wohlgefällige Gabe. Sie glaubten, dass Gedeihen und Erfolg in allen Dingen, wie Verschonung vom Uebel, von der Gunst der Götter allein abhänge. Sie brachten daher nicht nur die gewöhnlich üblichen Opfer, sondern pflegten bei allen wichtigen Angelegenheiten den Göttern durch Gaben zu gefallen. Die heilige Opferhandlung selbst aber konnte nur der Priester vollziehen, und er that das in feierlicher Weise, in langem, weissem Gewand, das Haupt mit Eichenlaub bekränzt und mit strenger Beobachtung aller Ceremonien. (Siehe Plin. h. n. XVI. 95; XXIV. 62; XXVIII. 5). Hatte das Opfer nicht den erwünschten Erfolg, so waren die strengen Götter unerbittlich, oder es kam wohl, wie bei den Römern, ein »piaculum« vor und musste rite wiederholt werden. Vor geschäftlichen Unternehmungen spendeten die Privaten dem Mercur (»Teutates«) blutige und unblutige Gaben (VI. 17). Beim Pflücken von Heilkräutern, bei Bereitung der Gunst- und Schutzmittel, wurden neben wunderlichen symbolischen Handlungen (siehe Plin. XXIV. 62, 63; XXV. 59 u. a. a. O.) dem Apoll (»Belenus«) Brod und Wein, oder Honig und Wachsscheiben dargebracht. Am feierlichsten ging es beim Mistelschnitt zu (Plin. XVI. 95), wo ein weisses, vorher noch ungejochtes Stiergespann dem gnädigen Gott bestimmt wurde. Es fielen indessen dem Mars und Apollo (»Hesus« und »Belenus«) auch Menschenopfer. Caesar sagt VI. 16: »Wer von einer schweren Krankheit befallen ist, wer von Krieg oder anderen Gefahren bedroht wird, pflegt statt der Thieropfer Menschenopfer darzubringen oder zu geloben, wobei natürlich Druiden die Opferhandlungen verrichten. Sie glauben nämlich, die unsterblichen Götter könnten nicht anders versöhnt werden, als dass für ein Menschenleben ein anderes dargebracht werde. Und dergleichen Opfer werden auch von Staatswegen angeordnet.«

Hatte nun das Opfer bei den Galliern ihrer Frömmigkeit und ihres Aberglaubens halber diese grosse Bedeutung und konnte kein richtiges Opfer ohne den Priester gebracht werden, so erklärt es sich, dass derjenige vernichtet war — in Bezug auf seine geschäftlichen Unternehmungen, sein Leibes- und Seelenheil — dem die Priester das Opfer versagten. Er konnte dem Zorn der Götter nicht entrinnen, ihm wurde in seiner Krankheit kein geweihtes Heilmittel, alle Schutzmittel waren für ihn kraftlos; verflucht musste er umherirren, Allen eine Pest, ohne Trost im Leben und im Sterben, und ohne Todtenopfer blieb seine Seele unversöhnt! Zu dieser schrecklichen, kirchlichen Excommunication kommen noch die bürgerlichen Nachtheile, die wir später anführen werden.

Mit dem Opfer war zum Theil die Zeichendeuterei verbunden.

Die priesterliche Mantik.

Sie spielte bei den Galliern die Hauptrolle: »augurandi studio Galli praeter ceteros callent« (Just. XXIV. 4). Zum Beispiel: den Ausgang einer Schlacht erkannte man aus dem Zweikampfe mit einem feindlichen Krieger; dessgleichen aus dem Laufe eines Hasen (Cass. D. LXXII. 6). Der Priester stiess einem zum Opfer geweihten Menschen das Schwert durch den Rücken und weissagte aus seinen Zuckungen (Strab. IV. 4. §. 5. p. 198; Diodor. Sic. V. 30; Tacit. Annal. XIV. 30).

Die gallischen Priester deuteten die Zukunft nicht allein aus Augurien und Haruspicien, sondern verstanden noch andere Weissagekünste (»conjecturae«). Cicero sagt (de divinat. I. 90) von dem Druiden Divitiacus: »et partim auguriis, partim conjectura, quae essent futura dicebat«. Zu solchen Conjecturen gehören die Traum- und Sterndeutereien, und gewiss werden auch seltene Naturerscheinungen und Ereignisse Gegenstand ihrer Auslegungen gewesen sein. (Siehe Barth S. 93). So gab es Deutungen aus Zahlen und einen mantischen Brauch des Steinlegens (Origen. Philosophum. c. 25).

Ausserdem bereiteten die Priester Präservativ- und Schutzmittel gegen Vergiftung, jähen Tod u. dgl. Im Kriege trugen viele Gallier eine Art Bernsteinrosenkränze (chapelets d'ambre) als Amulette, die man häufig an ihrer Seite in Gräbern findet. Aber als ein ausgezeichneter Talisman galt das Schlangenei, über dessen Entstehung und Habhaftwerdung sich Plinius (h. n. XIX. 12) gar Wundersames erzählen liess. Die Druiden trugen das Schlangenei neben anderen Auszeichnungen. Wer es im Busen trug, der versicherte sich der Gunst der Könige und des Obsiegens bei Rechtsstreiten.

Wegen ihrer Divinationskünste waren sie im Alterthum berühmt und wurden desshalb, und besonders wegen ihrer Besprechungen und Beschwörungen durch Zaubersprüche, von den Römern »Magi« genannt (Plin. h. n. XVI. 44); da man jene medisch-persischen Priester für die eigentlichen Erfinder dieser Künste hielt (Plin. XXX. 2, 4). Neben Besprechungen und Weihungen beschworen sie auch die abgeschiedenen Geister der Verstorbenen (Plin. XXX. 5 et passim; Tertull. de anima c. 57). Man darf desshalb auch das auf die gallischen Druiden beziehen, was nach Apuleius (Apologia p. 35 ed. Krueger) in der Volksansicht ein Magier war: »qui communione loquendi cum deis immortalibus ad omnia quae velit incredibili quadam vi cantaminum polleat.« Das ist nämlich, »welcher durch seine Unterredungen mit den unsterblichen Göttern Alles, was er will, mit einer gewissen unglaublichen Gewalt seiner Zaubergesänge vermag«. Dieser Glaube, der wohl noch stärker unter den abergläubischen Galliern herrschte, erhob die Druiden zu jenem Ehrfurcht gebietenden Ansehen, so dass sie nach Diogenes Laërt. für „$\sigma\epsilon\mu\nu\acute{o}\vartheta\epsilon o\iota$" galten. Wenn nun ihre Gebete vielfach aus solchen Zauberformeln *) bestanden haben, passt da nicht vollkommen ihr Name Drugwyddon? Diese Geheimlehre der Magie verstanden hauptsächlich die gelehrten Priester, die Druiden im engeren Sinn. Sie kam unter der römischen Herrschaft, ihrer groben Missbräuche wegen, in Verruf. Wie weit die irischen Druiden (Magi) diese schwarzen Künste trieben, zeigen die Bekehrungsgeschichten des Volkes durch den heil. Patrik, im V. Jahrhundert n. Chr. (Siehe auch Mone, N. H. II. S. 479 u. f.). Einige altirische Zauberformeln hat Zeuss (Gr. C. p. 925) bekannt gemacht.

Wenn man bedenkt, wie abergläubisch die gallische Nation war (»admodum dedita religionibus« VI. 16), dass die Einzelnen bei allen wichtigen Anlässen des Lebens opferten und die Zukunft zu erfahren wünschten — was die Priester allein zu verstehen vorgaben (»quid Dii velint, scire profitentur« VI. 14) — so lässt es sich begreifen, wie diese Nation von ihren Priestern abhängig geworden ist. Es muss sich diesem Volke ein solches Gefühl der Unselbstständigkeit und Unsicherheit bemächtigt haben, dass sie bei Gefahren rathlos dastanden. Un-

---

*) Gallisch-römische Zauberformeln finden sich bei Marcellus Burdigalensis.

sicher und planlos schwanken die Menschen hin und her, die keinen eigenen Halt in sich finden, im Glück kennen sie keine Selbstbeschränkung und im Unglück fehlt es ihnen an Selbstvertrauen. Daraus erklärt sich die ganze gallische Nationalgeschichte.

Das System der Zeichendeuterei ist auf den Paralogismus: post sive cum hoc, ergo propter hoc gebaut; und wie kann da, wo kein Causalnexus besteht, eine wirkliche Folge vorhergesagt werden? Es ist daher die Strafe aller Divinationskünste, dass die Menschen durch ihre eigene Erfindung gefangen werden. So geschah es den Galliern. Sie gaben den gesunden Verstand und die menschliche Klugheit für ein selbstgemachtes Spiel des Zufalls hin. Wenn sie je einen verständigen Rath fassten, so unterwarfen sie seine Gutheissung dem launischen Zeichen.

Wie die Zeichendeuterei auf einen falschen Schluss gegründet war, so der Glaube an die Magie auf eine falsche Prämisse, der eingebildeten Macht der Zauberformeln. So glaubten die Gallier, die Hülfe in Noth sei am sichersten ausser ihnen, bei den überirdischen Gewalten und in deren Anrufung zu suchen. Und doch lehrt die Vernunft den Menschen die wahren Ursachen zu erkennen und die rechten Mittel zu wählen. Statt dessen glaubten sie an die Allmacht des priesterlichen Gebets und an die dunklen Zauberformeln der Magie. Anstatt die Zukunft (so weit es möglich ist) aus den realen Verhältnissen und ihren Factoren zu folgern, wähnten sie sie in den Zeichen zu erkennen. Somit war ihr Verstand gefangen und ihre Kraft gelähmt. War da noch eine Reformation bei diesem Volke möglich?

Die Arzneikunde der Druiden.

Sie beruhte hauptsächlich auf der Magie. Unter dem Volke waren gewiss manche Kräfte der Pflanzen und manches sonstige Heilmittel bekannt; aber die Wirksamkeit war an eine wunderliche Ceremonie bei ihrer Erlangung, an die priesterliche Weihe überhaupt geknüpft. Unter den vielen bei Plinius (hist. nat.) genannten Mitteln (siehe Barth S. 44 u. f.) steht die Mistel des Eichbaumes oben an. Sie nannten die ihnen wunderbare Schmarotzerpflanze die Alles heilende (»omnia sanantem«). Sie wuchs auf dem heiligen Baume selten, und wenn sie gefunden wurde, so war das ein Fest. Der Priester schnitt sie in feierlicher Weise mit goldener Sichel ab und liess sie unten in einem weissen Gewande auffangen, wie es Plinius (XVI. 93) ausführlich beschreibt. Ausser den Kräutern u. dgl. hielten sie auch das Fleisch geopferter Menschen für besonders heilsam (Plin. XXX. 4).

In dieser Beziehung werden sie von Plinius Aerzte genannt (H. n. XXX. 4); aber eigentliche praktische Aerzte waren sie nicht, da sie gerade da, wo sie als solche am nöthigsten gewesen wären, im Kriege nämlich, nicht erschienen oder nicht zugegen zu sein pflegten (Caes. b. g. VI. 12). Nach Auflösung des Druidenordens aber mögen einige die Medicin als Gewerbe betrieben haben.

Ihre Astronomie.

Caesar sagt ausdrücklich (VI. 14), dass die Druiden »über die Gestirne und ihren Lauf, Grösse und Gestalt der Erde und des Weltalls Untersuchungen pflogen«. Ihre Kenntnisse davon werden vermuthlich gering gewesen sein. Ihr nächster Zweck war die Jahreseintheilung, das Kalenderwesen, und nebenbei richteten sie ihren Blick auf die Zeichen am nächtlichen Sternenhimmel. Sie hatten noch Mondjahre, suchten sie aber mit dem Sonnenjahr in Einklang zu bringen. Nach ihrer Aufstellung begann der Monat nicht mit dem Neumond, sondern immer mit der sechsten Nacht nach demselben; also ungefähr um das Erste Viertel. Vermuthlich gab die unveränderliche Erscheinung dazu Anlass. Sie müssen diese Annahme für sehr wichtig gehalten haben; denn wir finden oft auf den Denkmälern Druiden mit dem sichelförmigen Mond in der Hand abgebildet. Die Gallier zählten daher nach Nächten (VI. 18), wie die Germanen (Tacit. G. 11). Um den Einklang ihres bürgerlichen Mondjahres mit dem Sonnenjahre herzustellen, nahmen sie einen Cyclus von 30 Jahren an (Plin. XVI. 44), wo um die Sonnenwende Tag- und Nachtgleiche an demselbigen Tage desselben Monats wiederkehren; aber nach vorausgehender Einschaltung von 11 Monden und wahrscheinlich so, dass 11 Jahre je 13 Monate erhielten. Bei diesem Cyclus irrten sie sich bekanntlich nur um 1 Tag und 10 Stunden. Dass die Kelten ausser der natürlichen Eintheilung des Tages (siehe Pictet II. p. 592) auch schon eine künstliche in Stunden hatten, ist unwahrscheinlich.

Zu diesen astronomischen Beobachtungen sollen in Irland die runden Thürme gedient haben (Th. Moore ch. II.). Auch scheinen die Felspfeiler der Steinringe (ihrer Kirchen) nicht ohne gewisse astronomische Beziehungen aufgerichtet worden zu sein. Als eine Art Ferngläser, glaubte man, hätten sie die sogenannten Druidenknöpfe aus Glas oder Krystall benützt. (Siehe Barth S. 39).

Die Druiden als Richter. (Siehe »Gall. Recht und Gericht« S. 66).

Die Druiden hatten (wie wir gesehen haben) die ordentliche Civil-

und Criminalgerichtsbarkeit in ihre Hände bekommen. Auch hier griff, wo sie es am wenigsten sollte, in zweifelhaften Fällen die Mantik ein. Ausserdem hatten sie noch andere, minderbedeutende Functionen, die ihnen vermöge ihrer Stellung und wissenschaftlichen Bildung zufielen.

Bedeutung des Druidenstandes in der Gesellschaft und im Staat.

Ursprünglich gab es bei den Galliern auch keinen Priesterstand. Seine Ausbildung hängt mit dem Volkscharakter, der socialen und politischen Entwickelung derselben zusammen. Waren einmal Priester da, so erlangten diese schon durch ihr erhabenes Amt eine angesehene Stellung. Sie wurden nach und nach unentbehrlich, da die Gallier das den Göttern wohlgefällige Opfer nicht in der aufrichtigen Gesinnung des Gebers erblickten, sondern, wie die Römer, in der strengen Beobachtung der Ceremonien. Wie diese verbanden auch sie die Mantik mit dem Opferdienst; aber ihre Priester vermehrten deren Bedeutung, indem sie sie zur Geheimlehre ihres Standes machten. Durch irgend einen mächtigen Impuls wurde die Druidenvereinigung Galliens hervorgerufen; war dieses geschehen, so traten sie bei ihrer Anzahl neben den Rittern als geschlossener Stand auf. Durch ihre Schulen bewirkten sie eine gleichmässige Ausbildung der Lehrlinge und erzogen einen eigenen Corporationsgeist, der durch ihre periodischen Versammlungen unterhalten wurde. Wer sonst etwas lernen wollte, konnte nur von und nach ihnen lernen; sie besassen das Monopol des Wissens, während die Ritter, wie im Mittelalter die deutschen, grösstentheils unwissend blieben. Diese Vorzüge erreichten erst ihre volle Bedeutung durch ihre hierarchische Organisation. Während die Ritter in Parteien zerfielen, so folgten sie nur einer einheitlichen Richtung, gelenkt durch den Willen eines Einzigen, ihres Oberen; während jene blos ein particulares und Factionsinteresse kannten, fühlten sie sich erhaben über die Gaupolitik und waren im Bereich ihrer Organisation national. Damit waren sie nicht nur der erste Stand in den Einzelstaaten, sondern behaupteten eine Herrschaft über das ganze gallische Volk. Zur Zeit der Bedrückung der Gemeinfreien durch die Magnaten, Adel und Ritter, erschienen sie in den Augen des gemeinen Mannes populär, da sie grösstentheils aus dem Volke hervorgingen; aber sie thaten nichts zur Verhütung der Leibeigenschaft, denn auch sie bedurften der Knechte für ihre Privat- und Kirchengüter.

Nur ihre Vorrechte haben sie in dieser Opposition gegen die Ritterschaft zu erweitern gewusst. Die Privilegien ihres Standes waren nach VI. 14: Befreiung vom Kriegsdienst, wie überhaupt von allen Lasten und Enthebung von den üblichen Steuerleistungen. Caesar sagt wörtlich: »neque tributa cum reliquis pendunt,« was wohl so viel sagen will, dass sie keine Vermögenssteuer, die auf die Bürger ausgeschlagen wurde, zahlten; aber im Falle der Noth, für ihnen wohlgefällige Kriege, trugen sie vermuthlich als Orden von den Tempelschätzen bei, wie in dem neueren Frankreich die Kirche ihr »don gratuit«. Da die Ritter in den Gerichten das Recht zum Vortheile ihrer Standesgenossen beugten, so wurde ihnen, als den »gerechtesten«, von dem Volke die ordentliche Rechtspflege übertragen. Durch ihre sacrificiis interdictio, ihre Excommunication, erregten sie eine derartige Furcht, dass sie zur Vollstreckung ihrer Sentenzen keinen weltlichen Zwang nöthig hatten; ja, dieser druidische Bannstrahl war so schrecklich wirksam, dass Niemand wagte mit dem Verfluchten auch nur in Berührung zu kommen, aus Angst vor den ihn bedrohenden Nachtheilen (»ne quid ex contagione incommodi accipiant« VI. 13). Indem sie sich von allen Factions- und Landesstreitigkeiten fern hielten, gewannen sie ein solches unparteiisches Ansehen, dass sie sogar Kriege durch ihren schiedsrichterlichen Spruch beendigten und zwischen Heeren, die sich schon zur Schlacht rüsteten, Frieden stifteten (Strab. IV. 4. §. 4. p. 197). Bei geringerer Streitbarkeit und weniger Eifersucht der Ritterschaft hätten sie vielleicht Gallien in eine Art Theokratie umgewandelt, worauf schon die Kämpfe mit dem Ritterstand der Haeduer hindeuten (VII. 32 u. 33).

Im Alleinbesitz des Wissens benützten sie es zu materiellen Vortheilen, wie zur Befestigung ihrer Herrschaft. Sie hielten absichtlich das Volk in Unwissenheit (»quod neque in vulgum disciplinam efferri velint«), und machten sich dadurch überall, wo eine wissenschaftliche Bildung nöthig war, unentbehrlich. Man bedurfte ihrer, um die Felder auszumessen (VI. 13), bei allen grösseren Privat- und Staatsrechnungen (VI. 14); denn sie besassen allein die nöthigen mathematischen Kenntnisse. Zu allen öffentlichen und Privatacten, Verträgen u. dgl. mussten sie hinzugezogen werden; denn sie verstanden die Schreibekunst. Daraus geht hervor, dass die Druiden das Budget des Staates ausfertigten, und dass sich in ihrer Obhut die Staatsacten und Verträge befanden. Die Wichtigkeit dieser Functionen lässt sich begreifen, wenn man weiss, dass das Kalenderwesen und die Gesetzesinterpretation ihre Sache waren.

Aber was noch weit mehr ist, sie nahmen durch die Mantik und Magie die Gemüther der Nation gefangen. Sie beeinflussten die Landtagsbeschlüsse durch die Deutung der Zeichen, wie die Entschliessungen der Einzelnen. Dabei waren diese Künste die grösste Quelle ihrer Reichthümer. Sie gaben vor, im Verkehr mit den Göttern, das Zukünftige zu wissen — und das Volk glaubte es. Sie verleiteten dadurch diese abergläubischen Menschen ihr eigenes Nachdenken aufzugeben und lähmten damit jede Energie des Volkes. Es lag in ihrer Hand, Furcht und Hoffnung zu erregen. Diese Orakelsucht machte ihnen das Sinnen und Streben der Einzelnen, ja, das ganze innere Leben der Nation offenbar; sie konnten es entflammen oder ersticken, es stand ganz in ihrer Macht. Alles Gedeihen hing nach diesem Volksglauben von dem priesterlichen Gebet und von der priesterlichen Weihe ab: nur sie konnten den Segen des Himmels für die Saaten u. dgl. erflehen, ihre Weihe nur gab dem Heilmittel seine wirksame Kraft. Nebenbei verschmähten sie es nicht, ihre Kenntnisse der Physik zur Zauberei anzuwenden und bedienten sich der niedrigen Escamotage zur Bestimmung und Bethörung der Menge (Barth S. 104).

Eingeweiht in Alles, was vorging, ausgerüstet mit allen Mitteln der geistigen Herrschermacht, bedurfte es da noch mehr als ihrer Beredtsamkeit, um die ganze gallische Nation zu gängeln und zu leiten? Wie sehr gleichen sie jenem allegorischen Bilde des Hercules Ogmius (Teutates), das Lucian (Hercul. Gall.) so geistreich beschreibt. Wie sie jenen Gott darstellten, als einen beredten Alten, der eine Menge Menschen an ihren Ohren, mit kaum sichtbaren Fäden an seine Zunge gefesselt, mit sich fortzog, ohne dass sie widerstrebten — so das gallische Volk die Druiden. Ja, »bei der geringen Anspannung ihrer Ketten,« schreibt der gewandte Beobachter, »könnte man sagen, dass sie sich beeilten jedem Bruch zuvorzukommen, so sehr fürchteten sie sich ihre Knechtschaft einzubüssen!«

Wie die Druiden jede Aufklärung des Volkes verhinderten und dessen geistige Selbstständigkeit vernichteten, so unterdrückten die Ritter die freie Arbeit und hinderten das wirthschaftliche Gedeihen des gemeinen Mannes. So war in Gallien auf allen Seiten die Volksentwickelung gehemmt, die Masse in politischer Clientelschaft der Ritter und unter geistiger Vormundschaft der Priester, die sich überall zur eigentlichen Knechtschaft gesteigert hatten. Daraus lässt sich die unmündige und urtheilslose Plebs begreifen, von der Caesar sagt: »per se nihil audet«. Es bleibt für alle Zeiten richtig: mit der Unterdrückung der gemeinen Freiheit und des freien Gemeindelebens wird das Nationalgefühl erstickt und die Nationalkraft gebrochen. Wir werden später sehen, wie particularistische Eifersucht gegenüber hegemonistischen Bestrebungen die Fremden in's Land ruft und dann wieder die einen durch die anderen zu vertreiben sucht. Endlich, als die eiserne Hand des Eroberers auf allen ruht, sehen wir patriotische Adelige alle Gallier zur Befreiung vom römischen Joch aufrufen. Die sich für die geborenen Herren (»imperio natos« VII. 37) halten, versprechen dem geknechteten Volke Freiheit. Man ladet den gemeinen Mann wieder auf den Landtag ein und ernennt den nationalen Helden zum Volkskönig von ganz Gallien; aber alle diese Anstrengungen erscheinen nur als letzte Verzweiflungsmittel. — Darauf verfiel das einst so tapfere und gefürchtete gallische Volk der römischen Herrschaft. Ihr Ruin hätte den verwandten Völkern ein ewig warnendes Schreckbild sein sollen; aber dieser verwesende Staatskörper hat seine ansteckenden Miasmen noch Jahrhunderte lang über den deutschen Völkerbaum ausströmen lassen, bis auch er von gleichem Uebel befallen wurde.

Gallisches Recht und Gericht.

Caesar hat über die Gesetze der Gallier, wie über ihre Verfassung, nur spärliche Andeutungen gegeben und, wie immer, nur Curiosa für die damaligen Römer. *) Wir wissen aber durch Suetonius (in vita

---

*) Ich lasse hier eine Uebersicht der gallischen Rechts- und Gerichtsverfassung folgen, die sich, wie meine übrigen Untersuchungen, hauptsächlich auf die Angaben Caesars und auf die Natur der Dinge stützt, und nur eine Erweiterung nach allgemeinen logischen Grundsätzen zulässt. Ein neuerer französischer Rechtshistoriker, F. Laferrière, (Histoire du droit français II. p. 48) stellt ein ganzes Rechtssystem dieser Zeit auf und erlaubt sich die Lücken der historischen Angaben durch die mittelalterlichen Gesetze von Wales und durch die Coutumes der Bretagne zu ergänzen, indem er die Existenz gleicher Rechtsgewohnheiten bei Identität der Rasse annimmt. Ich habe schon früher gezeigt, dass dieses sogar bei den Völkerschaften in Gallien nicht der Fall war, geschweige denn bei einer gemischten Bevölkerung, wie die im Südwesten Britanniens. Zudem wurde gewiss durch Fremdherrschaft, wie durch das Christenthum, im Laufe der Zeit manches Alte umgestaltet und manches Neue angenommen, wenn man auch zugeben muss, dass sich im Allgemeinen unter den sogenannten neukeltischen Völkern der keltische Charakter erhalten hat. Es kann daher nur da mit Gewissheit auf gallische Rechtsgewohnheiten geschlossen werden, wo sich auch im droit coutumier in Frankreich, ausser der Bretagne, Spuren einer solchen Rechtsanschauung finden. Im Uebrigen ist gewiss, dass wenn noch analoge Verhältnisse und Einrichtungen bei einem stammverwandten Volke bestehen, man diese mit mehr Recht zur Erläuterung der alten herbeiziehen darf, als ähnliche fremder Naturvölker.

Caes.), dass er sich fleissig mit jus beschäftigte und dass ihm Cicero, während seines Aufenthalts in Gallien, den Juristen Trebatius zu diesen Studien empfohlen hatte.

Die gallischen Gesetze wurden wahrscheinlich in alliterirenden Versen überliefert, da sie auf diese Weise am besten im Gedächtniss haften blieben. Die neuere wälsche Ansicht, dass schon zu Caesars Zeit die Triadenform üblich war, ist (wie schon früher bemerkt) höchst zweifelhaft. Strabo erzählt (III. 1. §. 6. p. 139) ebenfalls von den iberischen Turdetanern: »sie haben schriftliche Denkmäler des Alterthums, Lieder und Gesetze in Versmaassen, die, wie man sagt, an 6000 Jahre alt sein sollen.«

Familienrecht.

I. Die Ehe.

Die gallische Ehe war vor ihrer Demoralisation durch ligurischen und griechischen Einfluss, wie bei den Germanen und den alten Römern, eine Lebensverbindung, welche die gute Sitte heiligte. *) In der ältesten Zeit nahmen wohl nur die nächsten Geschlechtsgenossen und deren Haupt von der Eingehung Act; später trat vermuthlich auch die priesterliche Weihe hinzu. Die Ehe war herkömmlich monogamisch; aber später nahmen vornehme Gallier auch mehrere Frauen (B. G. VI. 19: »de uxoribus« etc.). In Königsfamilien und unter hochstehenden Geschlechtern kamen schon politische Heirathen vor (I. 3).

Die Frau brachte dem Mann eine Mitgift an Geld oder Geldes Werth (»pecunias« VI. 19). Der Mann setzte nach Abschätzung einen

---

Ich habe daher bei der Rechtsverfassung der Gallier auf die wälschen Triaden des Dyvnwal Moelmud und das sog. Rechtsbuch Howel's des Guten. wie auf irländische Gesetze, Bezug genommen, und hätte das bei der socialen und noch mehr bei der politischen Verfassung thun können. Nichtsdestoweniger ist aber hier die grösste Vorsicht anzuwenden. Ich citire diese Gesetzessammlungen entweder wie früher »Leges Wallicae ed. Wottou et Clarke in Cyfreithjeu Hywel Dda,« oder wie Walter. »Ancient laws of Wales.«

*) Berlier (Précis historique de l'ancienne Gaule p. 278) u. a. französische Schriftsteller nehmen mit allem Wälschen auch das laxe eheliche Verhältniss der Cymry für ihre Voreltern in Anspruch, als wenn dieses nicht ein Ueberbleibsel jener ehelichen Ungebundenheit der Britannen wäre, welche vielleicht Caesar V. 14 etwas zu übertreiben schilderte, aber auch dadurch von den Galliern unterschied!

gleichen Theil von seinem Vermögen dagegen. Ueber dieses vereinigte Capital oder Vermögen wurde Rechnung geführt und davon die Zinsen oder Früchte zurükgelegt. Der überlebende Ehegatte erhielt dann das Ganze mit den bisherigen Zinsen (VI. 19). Es war ein eigenthümliches eheliches Güterverhältniss. Der dos der Frau gegenüber, die aus beweglichen Gütern bestand, machte der Ehemann eine Widerlage von gleichem Werth, wie bei den späteren byzantinischen *Ἀντίφερνα*; und es bildete diese mit der dos ein separirtes Vermögen, aber nicht für die Frau, sondern für die Gemeinschaft. Nach dem Tode eines Ehegatten fiel das Ganze an den überlebenden als Eigenthum. Diese Widerlage von Seiten des Mannes geschah nicht einseitig zu Gunsten der überlebenden Frau, wie bei der römischen donatio ante vel propter nuptias; auch war sie kein Witthum oder Leibgeding, wie andere meinen, da in diesem Falle die Wittwe nur eine Nutzniessung an den dazu bestimmten Gütern des Mannes gehabt hätte.

Einige französische Juristen, wie Berlier (Précis hist. des Gaules p. 276) u. A., haben in diesem separirten, ehelichen Gemeinschaftsvermögen der Gallier die Anfänge der französischen ehelichen Gütergemeinschaft erkennen wollen, sind aber von Laferrière (II. p. 80) widerlegt worden. Das System der ehelichen Gütergemeinschaft ist deutschen Ursprungs, besteht auch in mehreren deutschen Ländern und ist nichts anderes, als eine Modification des deutsch-rechtlichen Systems der Gütereinheit unter Ehegatten. (Ueber die Gütereinheit siehe Gerber, System des deutschen Privatrechts S. 546 u. f.)

Diese »donation mutuelle et égale au profit du survivant des époux,« wie Laferrière p. 83 dieses eheliche Vermögensverhältniss nennt, erhielt sich noch nach ihm im droit coutumier der Bretagne und in anderen Gegenden Frankreichs. In den wälschen Gesetzen dagegen kommt nichts Aehnliches vor (siehe Walter, das alte Wales S. 412). Zur Sicherstellung der Wittwe wurde erst von Eduard I. 1284 das Witthum nach angelsächsischem Recht eingeführt (Walter S. 111 u. 414).

II. Die väterliche und ehemännliche Gewalt.

Caesar schreibt VI. 19: »Viri in uxores, sicuti in liberos, vitae necisque habent potestatem.« Ueber die Kinder bemerkt Gaius I. §. 55: »Nec me praeterit Galatarum gentem credere in potestate parentum liberos esse«. Die väterliche Gewalt war überhaupt juris gentium, nur von längerer oder kürzerer Dauer, stärker oder schwächer ausgebildet. Ehe der Jüngling wehrhaft gemacht worden war, durfte er nicht in der Landesversammlung erscheinen (VI. 18). Der Sohn trat aus der väterlichen Gewalt durch Verheirathung und Gründung eines eigenen Herdes, wie bei den Deutschen. Damit stimmen noch die lois coutumières überein. (Siehe Laferrière II. p. 74.)

Die ehebrecherische Frau konnte von ihrem Manne verstossen werden. Das im Verdacht des Ehebruchs erzeugte Kind durfte er aussetzen. Die Erziehung der Kinder war den Händen der Mütter und der Priester anvertraut (VI. 18).

Ueber Verbrechen der Frauen und Kinder gegen Gatten, Väter und Mütter entschied, wie bei den Römern, ein Familiengericht der nächsten Verwandten (judicium propinquorum VI. 19).

Erbrecht.

Eine freie Disposition über das liegende Gut kannte der Gallier nicht. Am fernsten stand ihm ein individuelles Verfügen darüber Todes halber; desshalb gab es auch bei ihnen keine Testamente.

Zur Zeit der Geschlechtereinrichtung war das Ackerfeld in der Gewer oder in dem Gesammtbesitz des Geschlechts. Die Geschlechtsgenossen bewirthschafteten dasselbe entweder gemeinsam, oder vertheilten es an die einzelnen Hausväter. Nachdem die Familienloose Erbgut der Familien geworden waren, blieben zwar die Söhne dazu gleichberechtigt, doch scheint der jüngste die väterliche Wohnung bekommen zu haben, was noch bei den Kymren bestanden hat (Ancient laws 87, 8 etc. bei Walter S. 438), wo der Jüngste immer den Principalsitz (tyddyn) erhielt und was sich im Französischen droit du juveigneur äussert; aber an ein Minorat ist dabei nicht zu denken.

Welches Erbrechtssystem im Allgemeinen sich zur Zeit Caesars entwickelt hatte, lässt sich nicht mehr erkennen.

An den Familiengütern hatte nämlich jedes Glied der Familienverbindung ein Genossenschaftsrecht und eine Anwartschaft. Daraus flossen die Grundsätze: Ungiltigkeit der Veräusserung ohne Einwilligung der Berechtigten, Haftung sämmtlicher Familienglieder, resp. des Vermögens für die Bussen des einen, wie Berechtigung zur Empfangnahme derselben. Eine solche Gleichberechtigung aller männlichen Familienglieder bestand noch im späteren Mittelalter in Irland (Th. Moore, History of Ireland ch. 9. p. 180) und ist für die ältere Zeit in Wales allgemein nachweisbar. (Siehe auch Walter, d. a. W. S. 130 u. 143).

Einen Ueberrest davon bildete das eigenthümliche Erbrecht, das man in England Gavelkind *) nannte und wornach noch von den männlichen, gesetzlichen und natürlichen Enkeln und Urenkeln, mit Ausschluss der weiblichen, eine gleiche Theilung des Familienguts verlangt werden konnte. Das wälsche Erbrecht an Stammgütern ist im Ganzen genommen dasselbige geblieben. (Siehe Walter S. 438 u. f.). Als Erben wurden dort nur die Leibeserben angesehen. Waren keine solche da, so folgten die Miterben bis zu den Vetternkindern, aber nicht als die Erben des Verstorbenen, sondern als die Nachkommen des Ahnherrn, so dass sie nur das ihnen zustehende ursprüngliche Eigenthum reclamiren (Walter S. 439).

Obwohl die Gallier niemals zu einem ausgebildeten Geschlechterstaat gelangten, wie nach den Triaden Dyvnwal Moelmud's die Cymry in Wales (Walter S. 132 u. 144), so blieben in Gallien doch noch lange die Anrechte der Familiengenossen bestehen. Der Inhaber des Familienguts konnte nur mit Zustimmung aller Erbberechtigten oder bei drückender Noth veräussern. Im anderen Falle blieb den nächsten Anverwandten und Mitbesitzern ein Retractsrecht.

Die römischen Kaiser eiferten gegen die Reste des alten Miteigenthums und begünstigten die freie Disposition der Inhaber. Eine Constitution von 391, die zwar an den Präfekten von Illyrien und Italien gerichtet war, sagt: »Dudum proximis consortibusque concessum erat, ut extraneos ab emptione removerent, neque homines suo arbitratu vendendo distraherent; sed quia gravis haec videtur injuria, quae inani honestatis colore velatur, ut homines de rebus suis facere aliquid cogantur inviti, superiore lege cassata, unusquisque suo arbitratu quaerere vel probare possit emptorem« (Cod. Theod. III. 1. 6; III. 14).

Die Tochter erhielt (wie ich schon oben angenommen habe) nur eine bestimmte Mitgift an beweglichem Gut. Erst, nachdem auch die Töchter durch römischen Einfluss gleiche Theile wie die Brüder erbten, konnte die bekannte Regel: paterna paternis, matera maternis aufkommen; indem man das Gut immer noch an diejenigen Familien zurückfallen lassen wollte, von denen es herkam.

Das Retractsrecht der nächsten Anverwandten und das Rückfallsrecht der Liegenschaften kinderloser Seitenverwandten auf die gerade Linie, wie die der kinderlosen Frau auf ihren Mannsstamm, fassen die französischen Juristen in dem Satz zusammen: »l'affectation du patrimoine à la famille.« (Siehe Laferrière II. p. 104).

---

*) Gavelkind wird am richtigsten von gafael ceneld, irl. gabhail cine als erbliches Gut, Stammgut erklärt.

Eigenthum.

Das älteste Privateigenthum war alles Das, was man mit sich nehmen konnte, das bewegliche Gut oder die fahrende Habe. Der Begriff des Staatseigenthums war bei den Galliern schon ausgebildet (V. 56). Das Kirchengut muss man zu dem Staatseigenthum rechnen, da der Gedanke einer civitas der Kirche noch keineswegs aufgekommen war.

Vom Grund und Boden ward am frühesten der Hausplatz als Eigenthum betrachtet. Waren einmal die Ackerloose erblich, so bedurfte es nur noch griechischen und römischen Einflusses, um nach und nach auch Eigenthum zu werden; Wald und Weide dagegen blieben Gemeindevermögen des Dorfes oder der Mark, als Ueberbleibsel der Zeit, wo auch das Feld Almende der Markgenossen gewesen war. Dass sich die vornehmen Geschlechter schon damals wie später grosse Gründe als Privatgut aneigneten, unterliegt keinem Zweifel. Das Dasein des Eigenthums am Grund und Boden ergibt sich schon aus den damaligen Zuständen und aus den Ausdrücken Caesar's V. 56 et passim, wo er das Wort »bona« gebraucht, und aus VI. 13, wo er »de hereditate et de finibus« spricht, sowie aus dem ausgesprochenen Gegensatz der Germanen, die dasselbe noch nicht kannten (VI. 22).

Die gedrückten kleinen Leute mögen sich bei Begebung in die Privatclientel, als Ambacten zu einer jährlichen Abgabe an Naturalien oder Geld verpflichtet haben, behielten dagegen ihren Acker im Besitz und vererbten ihn auch; die eigentliche Gewer aber hatten die Patrone. Diese betrachteten sich in der Folge wie Obereigenthümer und trugen wahrscheinlich dafür die öffentlichen Lasten. Diese Landleute, die sich ihres Eigen begeben hatten, wurden nach und nach eigentliche Grundholden und werden später nach römischer Anschauung »coloni perpetui« genannt. Laferrière II. p. 111 vergleicht sie mit den taeogeu [*]) eines taeogtref eines wälschen Grundherrn (breyr), wo zwar feudale Zustände vorherrschen, aber immerhin eine Aehnlichkeit besteht. (Siehe auch Walter S. 149 u. 197 u. f.)

Es kamen in Gallien auch (wie wir gesehen haben) ganze Völkerschaften in die öffentliche Hörigkeit eines oberherrlichen Stammes oder Staats; ihre Felder wurden dadurch agri censuales vel vectigales des Patronalstaats. Diese hörigen Landschaften können wohl nicht mit dem

---

[*]) Taeog, taeawg, daiog u. a. F. ist wurzelhaft mit goth. thius, angels. theow und bedeutet Diener, wie Leo (Malberg. Glosse) auch davir erklärt.

Registerland, tir cyvriv oder tref cyfrif der wälschen Könige verglichen werden (siehe darüber Walter S. 200 u. f.), obgleich Wotton und Clarke es in ihren Ausgaben der Leges Wallicae mit »agri censuales seu vectigales« übersetzen.

Von einem sogenannten domaine congéable ou convenant kann bei den Verhältnissen jener Zeit keine Rede sein. (Näheres darüber bei Laferrière II. p. 117).

Obligationenrecht.

Ehegatten, Eltern und Kinder, überhaupt eine ganze Familie, soweit sie als solche existirte, mit ihren Gliedern, Genossen und Knechten, haben gegenseitig natürliche oder Lebensverbindlichkeiten. Die ausser diesem Kreise stehenden Anderen kommen mit diesem und seinen Gliedern nur in Verbindlichkeit, wenn sie sich selbst durch Versprechen zu irgend einer Leistung verpflichtet haben, oder wenn sie durch Verletzung deren Leiber oder Güter nach dem Gesetze (ex maleficio) zur Entschädigung verbunden sind.

Die Form der Versprechen mit deren Annahme geschah in Real-, Verbal- und auch in Literalverträgen. Jedes gegebene Versprechen verbindet zum Vollzug, wenn die Personen es ehrlich wollen. Der Unehrlichkeit wegen kamen Bekräftigungs- und Sicherheitsmittel auf. Bestärkungsmittel eines Versprechens sind Eidschwüre. Als Sicherheitsmittel für die Ausführung gab man Faustpfänder; bei Staatsverträgen wurden Geiseln gestellt. Bürge und Schützer war in vielfacher Beziehung der Patron. Bei Realverträgen waren solche Bestärkungs- und Sicherheitsmittel nur auf einer Seite nöthig; bei Verbalverträgen hingegen auf beiden.

1. Die vor den Priestern, wie anderwärts vor der Geschlechts- oder Stammesversammlung, eidlich bekräftigten Verträge spielten wohl die Hauptrolle.

2. Mündliche Versprechen in die Hand eines Arbiters (princeps seu senator?) mögen in Gegenwart von Zeugen auch vorgekommen sein.

Wichtige Verträge wurden vielleicht schon von den Druiden aufgezeichnet, wozu sie sich der griechischen Buchstabenschrift bedienten (VI. 14); was später häufiger zu geschehen pflegte (Strab. IV. 4. 1).

---

*) Bei den Iren und Kymren waren eidliche Versprechen so die Regel, dass irl. tuinge, kymr. twg, tyngad jusjurandum und obligatio zugleich bedeutet (Pictet II. p. 424).

Wie nach Ablauf einer bestimmten Zeit das Faustpfand bei Nichtleistung in das Eigenthum des Gläubigers überging, so wurden bei Verletzung des Staatsvertrags die Geiseln eigene Leute des verletzten Staats und konnten zu Knechten gemacht und getödtet werden. *)

Fremder Einfluss und fremde Gewalt lehrten auch eine unbewegliche Sache verpfänden. Daraus entstand das Institut, das später französisch mort-gage genannt wurde. Laferrière (II. p. 153) führt darüber die Worte von Littleton an: »Est autant à dire en François comme mort-gage et en latin mortuum vadium .... et s'il ne paya pas, donque le terre, que il mitter (qu'il mit) en gage sur condition de payment de le money, est alé de luy à touts jours, et issint mort.« Wie früher, vor Caesar, bei Begebung in die Clientel eines mächtigen Geschlechts, so verloren nachher die Schuldner ihre Aecker an die Pfandgläubiger.

Was die einzelnen Arten der Verträge und besonders den Darlehensvertrag betrifft, so scheint Laferrière (II. p. 155) die Worte Caesars VI. 13: »in hos eadem omnia sunt jura, quae dominis in servos«, so aufzufassen, als hätte sich das römische nexum mit allen seinen Wirkungen bei den Galliern vorgefunden. Er sagt II. p. 62: »Les nobles, auxquels les débiteurs obérés se livraient ainsi avec leurs familles, avaient sur eux tous les droits du maître sur les esclaves, tous les droits du créancier romain sur les débiteurs, nexi, addicti.« Später, glaubt er (p. 155), dass das nexum, wie bei den Römern, so auch bei den Galliern — sie als »fratres« (p. 173) vergleichend — einer milderen Einrichtung Platz machte. Es kann aber bei den Galliern durchaus nich von einer persönlichen Haft des Schuldners die Rede sein.

Wegen Schädigungen oder Beeinträchtigungen, wie durch Diebstahl, Raub u. dgl., hatten die Betroffenen oder deren Angehörigen gewiss eine Entschädigungsforderung. Ob wegen Todtschlag auch ein Wehrgeld (compositio) gezahlt werden durfte, ist unwahrscheinlich. Die Worte Caesars: „praemia poenasque (Druides) constituunt," können nicht darauf bezogen werden. Das Wehrgeld kam bei den Deutschen auf, um die Blutrache zu vermindern; bei den Galliern urtheilte das Druidengericht über Mord und Todtschlag (VI. 13: „si caedes facta" etc.), was die Menschenleben keineswegs sparte.

Gerichtsverfassung.

Nachdem das Volksgericht durch die politische Ungleichheit in die Hände der mächtigen Parteiführer gelangt war, wurde auch das Recht

---

*) Die engen Beziehungen zwischen Geisel und Pfand bewahrt noch das kymrische Wort gwystyl oder gwysdl, was beide Bedeutungen zugleich hat.

parteiisch, und bei dieser grenzenlosen Willkür war nur noch ein Ausweg: es der Gerechtigkeit der Druiden zu empfehlen. Der Adel war endlich zufrieden, da die vornehmsten Druiden aus ihren Reihen waren; das Volk war es, weil noch in diesem Stande die frühere Gleichheit des Volkes und des Adels im Princip aufrecht erhalten wurde. So erlangten diese die Gerichtsbarkeit über die wichtigsten Dinge. Es blieb zwar noch bei den principes der Bezirke und Dorfschaften ein Minimum der alten Zuständigkeit, aber ihre Thätigkeit scheint sich mehr auf die eigentliche Polizei beschränkt zu haben.

Die grosse Ehrfurcht, welche die Gallier vor ihren Priestern hatten, gab diesen ein solches Ansehen, dass sie bei Streitigkeiten der Völkerschaften untereinander schiedsrichterlich wirksam dazwischen treten konnten. Dazu kam ihnen ihre nationale Verbindung und Organisation sehr zu Statten. Es wird sogar erzählt, dass sie zwischen Heeren Frieden stifteten, die sich schon zur Schlacht rüsteten. Strabo schreibt darüber IV. 4: „δικαιότατοι (Δρυΐδαι) δὲ νομίζονται καὶ διὰ τοῦτο πιστεύονται τάς τε ἰδιωτικὰς κρίσεις καὶ τὰς κοινάς, ὥστε καὶ πολέμους διῃτων πρότερον καὶ παρατάττεσθαι μέλλοντας ἔπαυον."

I. Die ordentliche Civil- und peinliche Gerichtsbarkeit der Druiden.

Caesar sagt VI. 13: „Die Druiden entscheiden fast über alle öffentlichen und Privatstreitigkeiten. Ist irgend ein Verbrechen begangen worden, ein Mord vorgefallen, handelt es sich um einen Erbschaftsprozess oder Gränzstreit, überall entscheiden sie und bestimmen die Belohnungen wie die Bussen und Strafen." Es fielen ihnen also die Entscheidungen über öffentliche und Privatstreitigkeiten zu. „Controversiae publicae" bedeuten in der Regel äussere, zwischenstaatliche Streitigkeiten der Völkerschaften und Staaten untereinander, worüber der Sprachgebrauch bei Vergleichung der Stellen VIII. 45. §. 5 und Bell. Alexandr. 78. §. 1. keinen Zweifel übrig lässt. Hiermit stimmt auch die angeführte Stelle Strabons überein. Es werden aber auch controversiae publicae, verglichen mit den weiteren Worten: „si qui aut privatus aut publicus" etc., solche Zwistigkeiten genannt, welche die Staatsbehörden betreffen, also innere Verfassungsstreitigkeiten des Volkes mit seinen Beamten und Würdeträgern. Ich finde daher die Lesart populus für publicus unrichtig; denn es wird doch Niemand ernstlich glauben wollen, dass die Druiden ein ganzes Volk in den Bann gethan hätten, was doch aus dem sacrificiis interdicunt folgen müsste? —

Die ordentliche Gerichtsversammlung der Druiden tagte zu einer bestimmten Zeit des Jahres an einem geweihten Ort im Carnutenland (au pays Chartrain), welches, wie man annahm, in der Mitte von ganz Gallien lag. Dahin kamen aus allen Theilen des Landes diejenigen, welche einen Streit hatten, zusammen, und unterwarfen sich ihren Beschlüssen und Urtheilen. Darnach haben sie nur einmal des Jahres und immer an demselben Ort einen Gerichtstag gehalten. Man könnte unterdessen glauben, dass die Beschwerlichkeit der Reise manchen Armen der Rechtshülfe beraubt hätte; dennoch darf man annehmen, dass, da die Armen sich regelmässig in Hörigkeit begaben, die Patrone sie, nach dem damaligen Begriff der Clientel, auf den allgemeinen Gerichtstagen der Druiden zu vertreten und im Falle einzuliefern hatten.

Nach dem Vorbild der französischen Gerichtsverfassung vor der Revolution, macht Laferrière aus dem Druidengericht (II. p. 166) ein „Parlement Druidique", als wenn es ein allgemeines Appellations- und Cassationsgericht gewesen wäre.

Aber nicht über alle Fälle sassen die Druiden zu Gericht. Caesar sagt nur: „fere de omnibus controversiis"; es blieben also noch Fälle übrig, welche vielleicht weniger der Rechtskundigkeit und vielseitiger Erwägung bedurften. Dieser Rest gehörte, wenn nicht vor den Vergobret, zur Zuständigkeit der niederen Gerichte.

II. Die niedrige Gerichtsbarkeit für geringfügigere Sachen und Vergehen.

Dahin gehörten vermuthlich: Verletzungen und Schädigungen jeder Art, Diebstal, Forderungen u. dgl. zwischen Freien sowohl, als auch zwischen solchen und Hörigen. Nach der Landeseintheilung zu schliessen, gab es in den Theilen der Gaue Bezirks- oder Dorfgerichte, wie wir sie nannten, deren Vorstände die principes waren, welche zugleich senatores gewesen sind. Ein solcher Dorfvorstand hatte wohl bei den vorkommenden Fällen die angesetzten Multen und Entschädigungen auszusprechen. Im Kriege Hauptmann des Aufgebots seines Bezirks, besass er im Frieden eine gewisse Polizeigewalt gegen Dieberei und Aufruhr, insofern er nicht durch den Vergobret beschränkt war. Zu diesem Zwecke konnte ihm sein Gefolge gute Dienste leisten. In dieser Eigenschaft war er auch Unterbeamter des Druidengerichts.

Würde man einen Geschlechterstaat bei den Galliern annehmen, so müsste man die principes als Aelteste oder Häuptlinge der Geschlechter auffassen und an das Amt eines Dorfvorstands wäre dabei nicht zu denken. Nach Analogie der Geschlechterstaaten hätten die Geschlechtshäupter die innere Aufsicht über ihre Genossen; das weite Institut der gallischen Clientel aber schliesst eine festgeschlossene Geschlechterordnung aus.

Vor dem Dorfvorstand gingen wahrscheinlicherweise auch mit Zuziehung der Priester oder Zeugen die Rechtsgeschäfte vor sich.

Laferrière setzt (p. 157) an diese Stelle als ordentliche Richter die in den Dörfern und Städten lebenden Druiden (Priester), kraft ihrer Eigenschaft („en vertu de leur qualité"), wie er sagt; er macht somit die niedrigen Gerichte des Landes zu monokratischen Druidengerichten, und Caesar spricht doch nur von einer Gerichtsversammlung der Druiden (VI. 13).

III. Eine ausserordentliche politische Gerichtsbarkeit stand dem obersten Gewaltinhaber eines jeden Staates, dem Vergobret sowohl, als dem regulus zu. Caesar schreibt I. 16: „et vitae necisque in suos habet potestatem." Während des Krieges hatte der Herzog oder Heerführer dieselbe unbeschränkte Gewalt.

Fälle politischer Gerichtsbarkeit des Staatsoberhaupts, wie z. B. über Landesverrath, finden sich in den Commentarien: I. 4; V. 56; VI. 44: VII. 4 u. 43. Gewöhnlich wurden die Landesverräther auf einer bewaffneten Landesversammlung zum Tode verurtheilt; waren sie landesflüchtig geworden, so wurden ihre Güter confiscirt und die Acht („aquae et ignis interdictio" VI. 44) über sie ausgesprochen.

IV. Das Familiengericht. Innere Streitigkeiten in den einzelnen Familien, die über die väterliche und ehemännliche Gewalt hinaus gingen, berührten zunächst die betreffenden Familiengenossen und diese constituirten sich unter Umständen als Familiengericht. Ein solches Familiengericht der nächsten Anverwandten („propinqui") sehen wir (VI. 19) nach dem Ableben eines Vornehmen, über dessen Todesart Verdacht rege wurde, die Untersuchung gegen seine Frauen in strengster Weise, wie gegen Sclaven, mit Tortur führen *); war eine schuldig befunden, so vollzogen sie an ihr die übliche Strafe der Verbrennung. Dieses Gericht kann nicht als Ausfluss der ehemännlichen Gewalt betrachtet werden, sondern ist nur als ein bleibender Rest der alten Geschlechtereinrichtung zu erklären, wornach jene unter sich selbst die Rechtsordnung aufrecht zu erhalten pflegten.

V. Laferrière (II. p. 157 et 165) nimmt noch eine Patrimonialgerichtsbarkeit der Grundherren über ihre Grundholden an („une juridiction ordinaire des grands propriétaires, en vertu de leurs fonds"). Man kann aber zu der Zeit noch von keiner Patrimonialgerichtsbarkeit reden; da diejenigen, die sich in die Hörigkeit begaben, noch nicht in das Eigenthum des Herrn kamen, sondern Märker und Bürger, wenn auch mit geschmälerten politischen Rechten geblieben sind. Hingegen schaltete

---

*) Caesar sagt: „de uxoribus in servilem modum quaestionem habent", weil es bei den Römern ein uralter Rechtssatz war, gegen Freie keine Folter anzuwenden.

der Herr in seinem Hause über den fremden Sclaven qua dominus und eignete sich über ihn alle Rechte des Römers an. Nach und nach erst lernten die gallischen Herren ihre Ambacten mit derselben Willkür behandeln; aber es kann da von keinem eigentlichen Gericht die Rede sein, wo das individuelle Belieben massgebend ist. Nach römischer Anschauung war das auch nicht der Fall.

Strafen.

Vergehen und Verbrechen werden, je nach den Anschauungen eines Volkes von der That, schwerer oder milder bestraft. Es wirken dabei, neben der Ansicht der Wiedervergeltung, sittliche und religiöse Vorstellungen mit. Bei den Galliern waren diese bei der Strafbestimmung von bedeutendem Einfluss.

Es gab bei ihnen Vermögensstrafen oder Bussen, Strafen an Leib und Leben, und Kirchenstrafen. Alle Strafen waren als Rache hart und grausam. Eine Angabe von Leibestrafen, bei geringen Vergehen — freilich nach dem Martialgesetze des Vercingetorix — wornach die Schuldigen die Ohren abgeschnitten bekamen, oder an einem Auge geblendet wurden, findet sich in den Commentarien VII. 4, am Ende.

Die Todesstrafe kam bei den Galliern sehr häufig vor. Die regelmässigste war die mit qualvollen Martern verbundene Verbrennung. Sie stand auf Mord, Vergiftung (VI. 16), Landesverrath (I. 4), Raub, Diebereien u. a. V. (VI. 19). Auch den Diebstal an geweihten Stücken, den Kirchenraub, wie man ihn schon da nennen kann, ahnten sie mit gleicher Strafe (VI. 17).

Die Vollziehung der Todesstrafe betrachteten sie als ein den Göttern wohlgefälliges Sühnopfer. Oft wurden die Verbrecher bis zu fünf Jahren aufbewahrt (Diodor. Sicul. V. 32) und dann an allgemeinen Festtagen zusammen in hohlen, aus Weiden geflochtenen Kolossen, den Göttern zum Opfer verbrannt (VI. 16). Gebräuche, die an diese schrecklichen Holokausten erinnern, sollen noch spät in Frankreich vorgekommen sein (vgl. Ritson, Memoirs of the Celts p. 81; bei Diefenbach, Origines S. 183).

Die schwerste Strafe war den Galliern die sacrificiis interdictio. Caesar (VI. 13) schreibt darüber: „Quibus ita est interdictum, ii numero impiorum ac sceleratorum habentur; iis omnes decedunt, aditum eorum sermonemque defugiunt, ne quid ex contagione incommodi accipiant: neque iis petentibus jus redditur, neque honos ullus communicatur."

D. h. auf deutsch: „wer so in Bann gethan ist, der gilt für einen gottlosen und ruchlosen Menschen, alle verlassen ihn, weichen seiner Begegnung und jedem Gespräch mit ihm aus, gleichwie einem Pestkranken; er ist rechtlos und keiner Ehre theilhaftig." Die Furcht vor dieser priesterlichen Excommunication wurde zugleich Executionsmittel des Druidengerichts. Es waren damit auch bürgerliche Nachtheile verbunden. Dieses schreckliche, gallische Institut wurde im Mittelalter von der katholischen Kirche ebenso als Kirchenstrafe angewendet und unter dem keltischen Namen „bann" der ganzen europäischen Christenheit bekannt.

Bei den ehrliebenden Deutschen kam auch ein Ausschluss des Feigen von allen öffentlichen und gottesdienstlichen Versammlungen vor (Tacit. G. 6); aber keineswegs mit jenen schrecklichen Folgen. Es war eine Ehrlosigkeitserklärung durch die wehrfähige Gemeinde, aber nicht durch die Priester. Ebenso war die griechische Atimie auch mehr politischer Art, wie die römische Infamie. Sie hatte Verlust der Ehrenstellen und überdiess noch des Vermögens zur Folge. Heutzutage bedingt die politische Ehrlosigkeit hauptsächlich nur noch Unwürdigkeit zu öffentlichen Aemtern und kriegsrechtlich Verlust der Nationalcocarde.

Die Strafe der Einsperrung oder des Gefängnisses kannten die keltischen Völker wie die germanischen nicht; es wurden jedoch die ergriffenen Verbrecher bis zur Vollziehung der Strafe in Fesseln gehalten (I. 4; VI. 16).

Gerichtliches Verfahren.

Als Beweismittel galten wie überall Eide, Zeugen und, wo sie vorkamen, Urkunden. Es kann keine eigentliche Beweistheorie gegeben haben, denn der Aberglaube war zu gross. Sehr allgemein war z. B. der Glaube verbreitet, dass man sich durch das Tragen des Schlangeneies des Obsiegens in Rechtsstreiten versichern könne (Plin. XXIX. 12). In allen zweifelhaften Fällen entschieden Gottesurtheile [*]. Es wird berichtet, dass wenn ein gallischer Vater am Rhein an seiner Vaterschaft zweifelte, er das neugeborene Kind auf seinen Schild legt, an den Fluss

---

[*] Bei den Cymry in Wales kamen Gottesurtheile für Diebstal, Todtschlag und Verrath des Herrn noch im XII. Jahrhundert und später vor. Die Formen waren: das glühende Eisen, das siedende Wasser und der Zweikampf. (Siehe Walter S. 467.)

läuft und es dem Spiel der Wogen aussetzt. Sinkt die Last hinab, so hat der Fluss entschieden und er lässt das uneheliche Kind ertrinken; schwimmt es dagegen obenauf, so bringt er es freudig als Vater der zitternden Mutter zurück (Julian. epist. XV. ad. Maxim. philos.; Orat. II. in Constant. imp.). Ferner erzählt Artemidorus (bei Strabo IV. 4), dass an einem Hafen des Ocean zwei Raben erscheinen, deren rechter Flügel weiss ist. „Wenn nun," wie es heisst, „Leute eine Streitsache mit einander haben, so kommen sie dahin und legen auf einer Höhe, ein jeder für sich, Kuchen auf ein Brett; dann fliegen die Vögel herzu, fressen den einen und zerfetzen den andern. Wessen Kuchen nun zerfetzt wird, der hat gewonnen." Die von den Engländern sog. Rokkingstones, Schaukel- oder Wagsteine, die für Druidendenkmäler angesehen werden, sollen nach Einigen zu Ordalien gedient haben.

Nach den wenigen Angaben Caesars zeigt der gallische Criminalprozess ein von dem germanischen grundverschiedenes Verfahren. Bei dem gallischen gilt das Inquisitionssystem, wie man sich ausdrückt, während bei dem deutschen das Accusationssystem Regel ist. Wir sehen in einer Stelle Caesars den modus inquirendi in voller Kraft. Dort heisst es VI. 19: „quum pater familiae .... decessit, eius propinqui conveniunt et, de morte si res in suspicionem venit, de uxoribus in servilem modum quaestionem habent" etc. Also eine Untersuchung mit Tortur verbunden, gegen die verdächtigen Frauen wie gegen Sclaven. Aber nicht allein bei Knechten und Weibern, sondern auch bei Hörigen wird, um ein Geständniss zu erzwingen, die Folter angewendet worden sein. Uebrigens war das Staatspolizeisystem, das ein solches Verfahren begünstigt, in Gallien schon sehr ausgebildet.

Im innern Zusammenhang mit dem deutschen Anklagesystem steht die Eideshülfe, das ist das Schwören einer gewissen Anzahl Verwandten oder Gemeindegenossen, dass sie von der Wahrhaftigkeit der eidlichen Aussage des Beklagten überzeugt sind. Die Annahme Laferrière's und anderer wälschen Juristen, dass das Institut der Eideshülfe gallisch sei, ist demnach falsch. Er stützt seine Behauptung darauf, dass sie sich in den Leges Wallicae vorfindet; und alles Wälsche ist bekanntlich nach seiner Schablone ächt gallisch. Es kommen auch in der That „compurgatores" in den Leg. Wall. vor; aber sie wurden erst durch Howel den Guten, der die Gottesurtheile abschaffte und das sächsische Beweisverfahren mit Zeugen, Urkunden und Reinigungseiden einführte, in die wälschen Gesetze gebracht. So berichten ausführlich die Ancient laws 707. 4 (Walter S. 467). Man finde sie aber auch — fährt Laferrière p. 141 weiter fort — in den alten Coutumes von Reims, deren Traditionen die Römer und nachher die Deutschen respectirt hätten, unter dem Titel „escondits". Sie werden ganz sicher auch da angeführt, aber das Gericht und das ganze Verfahren sind deutsch. Man liest dort: „Et s'il y a plaincte devant eschevins, tellement qu'il faille excondire lui septième" etc. Man wird in dem verwälschten Wort eschevins sofort unsere Schöffen und in der ganzen dortigen Darstellung das Verfahren vor dem deutschen Schöffengericht erkennen *).

Der gallische Inquisitionsprozess sank in dem neuen Frankenreich nicht in Vergessenheit. Bereits findet sich eine Spur (wo nicht früher?) in den Capitularien Carls des Grossen, wo sich die Bischöfe das Inquisitionsverfahren anempfehlen lassen. Es heisst dort Cap. II. an. 813. c. 1: „Ut episcopi circumeant parochias sibi commissas et inquirendi studium habeant, de incestu, de parricidiis, fratricidiis, adulteriis, cenodoxiis, et aliis malis, quae contraria sunt Deo." Es wird doch Niemand glauben, dass das ein deutsches Verfahren gewesen sei?

Durch den canonischen Prozess des XIII. Jahrhunderts wurde jenes keltische Inquisitionssystem nicht allein bei den Romanen, sondern auch im XV. Jahrhundert in Deutschland herrschend, bis man da in dem englischen Verfahren den deutschen Ursprung wiedererkannt hat.

---

*) Das andere Wort escondire mit seinen Substantiven escondit und escondisseur wurde nie als keltisch angesehen. Diez (Etymol. Wörtb. d. rom. Spr.) erklärt es als lateinisch von ex-con-dicere. Ich glaube aber, dass es sich seiner wahren Bedeutung nach eher als deutsch erklären liesse! —

Druckfehler.

Seite 7 Zeile 5 von oben lies statt Unabhängigkeit Abhängigkeit.

Druck von Gebrüder Mäntler in Stuttgart.